NOUVEAU
ROND-POINT
PAS À PAS

A1

LIVRE DE L'ÉLÈVE

Josiane Labascoule
Christian Lause
Corinne Royer

Conseil pédagogique et révision : **Christian Puren**

Editions Maison des Langues, Paris

HEB RON

Vous avez entre les mains le **Nouveau Rond-Point Pas à Pas A1**. Le premier **Rond-Point** a introduit en Français Langue Étrangère l'approche actionnelle, avec l'unité didactique basée sur la réalisation d'une tâche. Cette méthode a connu un grand succès, et nous avons souhaité en reprendre les points forts tout en actualisant l'ensemble de la collection grâce aux commentaires de nombreux professeurs utilisateurs.

Une meilleure intégration du CECR et des référentiels de français

Lorsque **Rond-Point** est sorti, le CECR en était à ses premiers balbutiements en FLE. Les référentiels pour le FLE, qui se définissent comme les indicateurs de contenus de chaque niveau du CECR, n'existaient pas encore. Dans ce **Nouveau Rond-Point Pas à Pas A1**, nous avons voulu prendre en compte ces éléments pour vous permettre de mettre en place dans votre classe un apprentissage en harmonie avec les recommandations européennes en matière de connaissances des langues.

Ainsi, ce **Nouveau Rond-Point Pas à Pas A1** a été l'objet d'un profond travail de remaniement des unités : lexique, grammaire, dynamique des activités et tâches ont été revus dans le souci de vous garantir un contenu en harmonie avec les recommandations du CECR et les exigences du niveau A1.

Un apprentissage pas à pas

Il nous a paru essentiel de scinder et de réorganiser **Rond-Point** en deux niveaux parce que nous savons que nombreux sont les apprenants dont le rythme d'apprentissage requiert une organisation de cours différente.

Nouveau Rond-Point Pas à Pas A1, une formule 3 en 1

Nouveau Rond-Point Pas à Pas A1 comprend un total de six unités dont une entièrement nouvelle qui permet de mieux échelonner l'apprentissage. Outre le rythme, les changements dans ce **Nouveau Rond-Point Pas à Pas A1** impliquent de la part de l'apprenant un travail plus approfondi sur le lexique et la grammaire ; les consignes ont été revues et simplifiées pour faciliter l'autonomie des apprenants dans la réalisation des activités et des tâches.

Ces changements ne nous ont évidemment pas fait perdre de vue la démarche actionnelle qui a guidé l'élaboration de ce manuel : l'interaction et la négociation demeurent des notions-clés pour que vos élèves acquièrent efficacement les différentes compétences établies par le CECR.

De plus, ce **Nouveau Rond-Point Pas à Pas A1** regroupe en un seul volume le *Livre de l'élève* et le *Cahier d'activités* (+ CD). Un *Cahier d'activités* qui permet de renforcer le travail sur le lexique et la grammaire de façon individualisée à travers des exercices où vos élèves devront, comme dans la partie *Livre de l'élève*, mobiliser leurs compétences écrites et orales ; vous y trouverez également des activités de phonétique et de stratégie.

Vos élèves pourront aussi, s'ils le souhaitent, se préparer aux épreuves officielles du DELF dans la partie *Cahier d'activités*. Le CD avec l'ensemble des documents audio, entièrement mis à jour, se trouve bien entendu dans le manuel.

Une offre multimédia complète

Nous vous rappelons que ce manuel et le *Guide du professeur* sont disponibles en version numérique et que nous vous offrons un site compagnon avec des ressources multimédias complémentaires. Consultez notre site Internet pour plus de renseignements : rendez-vous sur **www.emdl.fr**.

Un nouvel habillage pour plus d'efficacité

Cette refonte dans les contenus et la dynamique est accompagnée d'un important travail de mise à jour des photos et des documents authentiques. Nous espérons que vous apprécierez aussi la nouvelle maquette, que nous avons voulu claire et moderne pour vous aider à rendre plus efficace l'apprentissage de vos élèves.

Le plaisir d'apprendre

Au-delà des concepts méthodologiques qui sous-tendent ce manuel, nous avons surtout voulu, avec ce **Nouveau Rond-Point Pas à pas A1**, vous proposer un ouvrage où le plaisir pourra être le moteur ou, mieux encore, la motivation pour apprendre le français.

Les auteurs

Livre de l'élève

Les unités du **Nouveau Rond-Point Pas à Pas A1** sont organisées de façon à apporter à l'apprenant l'ensemble des compétences langagières et communicatives nécessaires à la réalisation de chacune des tâches finales. **Nouveau Rond-Point Pas à Pas A1** amène progressivement l'apprenant à acquérir les savoirs et les savoir-faire pour communiquer et surtout interagir en français.

Chaque unité comprend cinq doubles pages :

Ancrage : deux pages d'entrée en matière

Cette double page permet à l'apprenant d'aborder l'unité à partir de ses connaissances préalables du monde et, éventuellement, de la langue française. Elle cherche ainsi à rassurer l'apprenant qui ne part jamais de zéro et qui pourra mobiliser des compétences acquises dans d'autres domaines.

Les documents déclencheurs de cette double page sensibilisent l'apprenant au thème et aux objectifs de l'unité.

Annonce de la tâche ciblée

Implication directe de l'élève

Entrée en matière basée sur l'image

Activités de mise en contexte

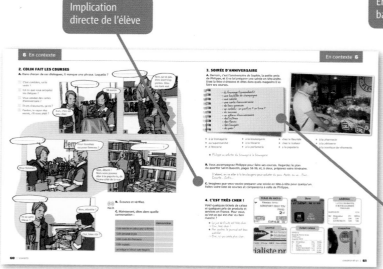

En contexte : deux pages de documents authentiques

Cette double page permet à l'apprenant d'entrer en contact avec des documents authentiques qui vont lui permettre de découvrir l'emploi de la langue en contexte.

La langue et le type de texte proposés serviront de base à l'apprenant pour réaliser la tâche finale.

Des modèles utiles à la tâche finale

Formes et ressources : deux pages d'outils linguistiques

Cette double page va aider l'apprenant à structurer le lexique et la grammaire nécessaires à la réalisation de la tâche. Les principaux points sont résumés et illustrés par des exemples en contexte dans la bande en bas de page.

L'apprenant systématise les points de langue qu'il devra être capable de réutiliser dans d'autres situations.

Travail de mise en pratique individuel et/ou en groupe

Reprise des principaux points de grammaire et de lexique

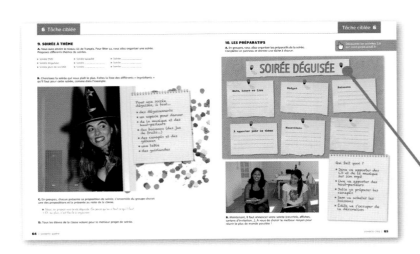

Tâche ciblée : deux pages de projet final

Cette double page amène l'apprenant à mobiliser l'ensemble de ses compétences et de ses savoir-faire pour que la réalisation de la tâche finale soit un succès. Sa réalisation est essentielle pour que l'ensemble du travail mené tout au long de l'unité prenne un véritable sens.

L'apprenant prend conscience de ses nouvelles compétences et de leur utilité.

> Tâche finale = véritable motivation de l'apprenant

Regards croisés : deux pages de culture et de civilisation

Cette dernière double page complète l'information de culture et de civilisation de l'unité à travers de nouveaux documents authentiques.

Cette partie est aussi l'occasion d'inciter l'apprenant à développer ses compétences interculturelles en comparant la réalité de son pays avec celles du monde francophone.

> Activités de réflexion sur la culture et la vie quotidienne

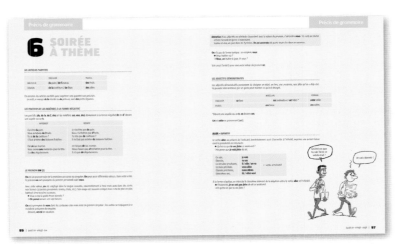

Le précis de grammaire : 22 pages de synthèse grammaticale

Ces pages reprennent et développent les contenus grammaticaux des *pages Formes et Ressources* des unités. Elles sont complétées par un *Tableau de conjugaison* et un *Index*.

Cahier d'activités

Situé en deuxième partie du manuel, le *Cahier d'activités* reprend et systématise en contexte les points de langue traités dans le *Livre de l'élève*. Il propose une réflexion stratégique sur l'apprentissage, un entraînement à la phonétique et une préparation au DELF A1.

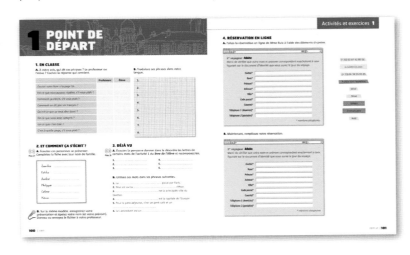

Tableau des contenus

Unité	Tâche finale	Typologie textuelle	Communication et savoir-faire
Unité 1 **POINT DE DÉPART**	Nous allons répondre à un quiz pour découvrir la langue française et explorer notre manuel.	Feuille d'appel, programme télé, définition de dictionnaire, quiz.	- se présenter - saluer et prendre congé - épeler - communiquer en classe - compter (1) - poser des questions (1)
Unité 2 **PRISE DE CONTACT**	Nous allons élaborer le fichier des élèves de la classe pour mieux nous connaître.	Questionnaire en ligne, informations chiffrées, brochure publicitaire, carnet d'adresses, données statistiques (site Internet, article de presse).	- justifier un choix - demander et donner des informations personnelles - compter (2) - demander des renseignements
Unité 3 **POINTS COMMUNS**	Nous allons former des groupes selon les affinités de chacun.	Arbre généalogique, présentation d'un livre, article de presse, panneaux de signalisation.	- présenter quelqu'un (âge, nationalité...) - parler de sa profession - poser des questions (2) - parler de ses goûts - parler de sa famille - caractériser une personne
Unité 4 **LA VIE EN ROCK**	Nous allons rédiger l'interview d'un camarade de classe.	Revue musicale, roman-photo, questionnaire en ligne, article de presse.	- tutoyer ou vouvoyer - poser des questions (3) - chercher des informations - proposer une sortie - parler de ses activités
Unité 5 **DESTINATION VACANCES**	Nous allons planifier un voyage de classe selon nos préférences et nos intérêts.	Test, annonces et brochures publicitaires, plan de ville, citations littéraires.	- parler des vacances - exprimer ses préférences - situer dans l'espace - indiquer le pays de destination - exprimer l'intention - dire le temps qu'il fait - comprendre un itinéraire
Unité 6 **SOIRÉE À THÈME**	Nous allons choisir un thème pour une soirée et organiser les préparatifs.	Liste de courses, tickets de caisse, agenda, courriel d'invitation, article de presse, affiche.	- faire des achats dans un magasin - nommer et localiser des magasins - donner un itinéraire - recevoir une invitation et y répondre - demander et donner un prix - fixer un rendez-vous - comprendre un emploi du temps

Compétences grammaticales	Compétences lexicales	Compétences (inter) culturelles	
- l'alphabet et sa prononciation - *Qu'est-ce que c'est... ?* - *Ça, c'est...* - *Je m'appelle...* - l'intonation de la phrase	- les nombres de 0 à 20 - les formules de salutation	- les images de la France - la France en chiffres	8
- identifier : *c'est / ce sont* - articles définis : *le, la, l', les* - pronoms sujet (atones) : *je / j', tu, il / elle...* - pronoms toniques : *moi, toi, lui...* - le genre et le nombre des noms - mots interrogatifs : *comment... ? pourquoi... ?* - *être, avoir* et *s'appeler* au présent de l'indicatif - *parce que*	- les nombres à partir de 20 - les noms de pays - des noms et des prénoms français	- portrait robot des Français - les Français et les nouvelles formes de communication	18
- négation : *ne... pas* - articles indéfinis : *un, une, des* - adjectifs possessifs : *mon, ton, son, mes...* - adjectifs qualificatifs - mots interrogatifs : *quel / quelle / quels / quelles... ?* - *aimer* au présent de l'indicatif	- les professions - les nationalités - les liens de parenté - l'état civil - les goûts - le caractère	- la France et ses langues - des romans français - le plurilinguisme dans le monde francophone	28
- les formes de la question - mots interrogatifs : *est-ce que, qui, où... ?* - les différents degrés d'expression du goût - *faire* et *jouer* au présent de l'indicatif	- *faire du / de la / des...* - *jouer au / à la / aux / du / de la / de l' / des...* - la culture et les loisirs	- le théâtre - le questionnaire de Proust - la chanson française et ses interprètes	38
- le pronom indéfini *on* (valeur impersonnel) - *aller* et *vouloir* au présent de l'indicatif - *vouloir* + infinitif - prépositions de lieu : *sur, dans, près de / d', à côté de / d'* - prépositions + nom de pays / de villes - *il y a* et *il n'y a pas*	- les moyens de transport - la vie urbaine - le tourisme - les saisons - les mois de l'année - le temps qu'il fait	- les vacances en France - Étretat et d'autres beaux paysages	48
- l'obligation : *il faut* - articles partitifs : *du, de la, de l', des, de / d'* - articles indéfinis : *de / d'* - adjectifs démonstratifs : *ce / cet / cette / ces* - le pronom indéfini *on* (valeur *nous*) - *aller* + infinitif - *d'abord, après, ensuite, puis, enfin*	- les commerces et services - la date - l'heure - les jours de la semaine - les vêtements - *chez, au, à la...*	- des fêtes très françaises : la Fête des voisins, la Nuit Blanche, les Journées du patrimoine	58

1 POINT DE DÉPART

> Nous allons répondre à un quiz pour découvrir la langue française et explorer notre manuel.

1. DÉJÀ VU

A. Connaissez-vous ces images de la culture francophone ?

▶ la côte d'Azur
▶ un fromage suisse
▶ un croissant
▶ un café de Paris
▶ le Mont Saint-Michel
▶ l'Atomium de Bruxelles
▶ Montréal

● Ça, c'est la côte d'Azur ?
○ Oui et ça...
● Et ça, qu'est-ce que c'est ?

vos stratégies ✖

Les images sont très importantes pour vous aider à comprendre les textes.

Piste 1

B. Des personnes commentent ces images. Dans quel ordre ?

1. ....
2. ....
3. ....
4. ....
5. ....

C. Et pour vous, c'est quoi la France ?

● Pour moi, c'est la tour Eiffel...

2. BONJOUR !

Piste 2

A. Le premier jour de classe, on se salue et on se présente. Cochez ce que vous entendez.

CONVERSATION 1 (deux élèves)

- [ ] Bonjour !
- [ ] Bonsoir !
- [ ] Salut !

- [ ] Je m'appelle Chloë, et toi ?
- [ ] Je m'appelle Chloë Bertier, et toi ?

CONVERSATION 2 (le professeur aux élèves)

- [ ] Bonjour !
- [ ] Bonsoir !
- [ ] Salut !

- [ ] Je suis Pierre.
- [ ] Je suis Monsieur Lacan.

Piste 3

B. Le professeur fait l'appel. Écoutez et mettez une croix en face du prénom des élèves présents.

NOM	PRÉNOM	PRÉSENT
1. BERTIER	Rémy	
2. BOYER	Marie	
3. CHARPENTIER	Victor	
4. CHAUNU	Alain	
5. DERYCKE	Cédric	
6. DESCAMPS	Éric	
7. DOLINSKI	Géraldine	
8. EL KHARRAZ	Nadia	
9. LAFFONT	Hélène	
10. LEBRUN	Julie	
11. LEMONT	Yves	
12. NACAR	Carine	
13. ROZÉE	Virginie	
14. SANCHEZ	Manuel	

3. STRATÉGIES DE LECTURE

A. Observez ce document. De quoi s'agit-il ?
Quels mots comprenez-vous ?

Mercredi 19 mai • À la télé

2tv

20.00	**Journal**
20.25	**Tirage du Loto**

20.30	**Météo**
20.35	**En toutes lettres** Jeu
22.05	**Complément d'enquête** Magazine
0.00	**Journal de la nuit**

3tv

20.00	**Tout le sport**
20.10	**Plus belle la vie** Série française
20.35	**Hors-série** Magazine
22.25	**Météo**

Météo

22.55	**Ce soir (ou jamais !)** Magazine
0.10	**Heureux qui connut Nice** Documentaire

5tv

19.55	**Les report-Terre** Série documentaire

20.25	**C'est-à-dire** Magazine
20.35	**Désobéir** Film
22.35	**C'est dans l'air** Magazine
23.40	**La recherche** Série documentaire

6tv

20.05	**Un gars, une fille** Série française
20.40	**Nouvelle star** Divertissement

23.05	**Enquêtes extraordinaires** Série documentaire
0.10	**Zone interdite** Magazine

B. Choisissez l'émission que vous souhaitez voir.

C. Quels éléments vous ont aidé à comprendre le texte ? Comparez avec un camarade.

- le titre
- le type de texte
- le format
- les images
- la transparence de certains mots
- autres : ....

vos stratégies

Certains documents écrits ou oraux peuvent vous sembler difficiles. Si vous ne comprenez pas chaque mot, ne vous inquiétez pas. Il n'est pas nécessaire de tout comprendre pour réussir l'activité.

4. LE DICTIONNAIRE, C'EST UTILE !

A. Voici la présentation d'un mot dans un dictionnaire. Associez chaque partie de la définition à sa signification.

> **COMMUNIQUER** [comynike] v.
> 1. v. tr. Faire connaître (qqch.) à qqn.
> dire, divulguer, donner, publier, transmettre.
> 2. v. intr. Être, se mettre en relation avec.
> All. : kommunizieren ; Ang. : communicate ;
> Esp. : comunicar ; It. : communicare

- Traduction.
- Différents sens et définitions.
- Genre (féminin ou masculin).
- Catégorie grammaticale (nom, verbe, adjectif, etc.).
- Prononciation en alphabet phonétique international.
- Construction : transitif et intransitif.

B. Cherchez dans le dictionnaire un ou deux mots du document de l'activité 3. Partagez vos informations avec un camarade.

5. I COMME ISABELLE

A. Écoutez l'alphabet français et entourez les lettres qui ont une prononciation inconnue pour vous.

Piste 4

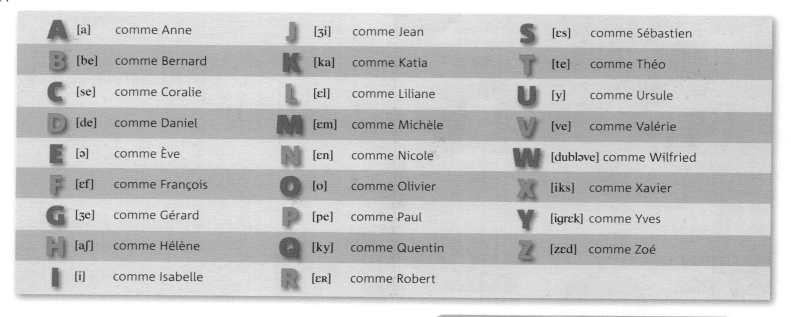

A	[a]	comme Anne	**J**	[ʒi]	comme Jean	**S**	[ɛs]	comme Sébastien
B	[be]	comme Bernard	**K**	[ka]	comme Katia	**T**	[te]	comme Théo
C	[se]	comme Coralie	**L**	[ɛl]	comme Liliane	**U**	[y]	comme Ursule
D	[de]	comme Daniel	**M**	[ɛm]	comme Michèle	**V**	[ve]	comme Valérie
E	[ə]	comme Ève	**N**	[ɛn]	comme Nicole	**W**	[dubləve]	comme Wilfried
F	[ɛf]	comme François	**O**	[o]	comme Olivier	**X**	[iks]	comme Xavier
G	[ʒe]	comme Gérard	**P**	[pe]	comme Paul	**Y**	[igʀɛk]	comme Yves
H	[aʃ]	comme Hélène	**Q**	[ky]	comme Quentin	**Z**	[zɛd]	comme Zoé
I	[i]	comme Isabelle	**R**	[ɛʀ]	comme Robert			

B. Travaillez avec deux camarades la prononciation de ces lettres. Ont-elles un équivalent dans votre langue ou dans une autre langue que vous connaissez ? Ensuite, vérifiez auprès de votre professeur.

> **vos stratégies**
>
> Comparer le français avec d'autres langues permet de mieux fixer les nouvelles connaissances.

6. QUESTION OU AFFIRMATION ?

Piste 5

Écoutez ces phrases. Sont-elles des affirmations ou des questions ? Ajoutez des points d'interrogation, si nécessaire.

1. Ça, c'est la côte d'Azur ......
2. Ça, c'est un fromage emmental ......
3. Ça, c'est la lettre « h » ......
4. Ça, c'est un dictionnaire ......
5. C'est le premier jour de classe ......
6. Ça, s'écrit avec deux « n » ......

7. COMMENT ÇA S'ÉCRIT ?

Piste 6

A. Six personnes épellent leur prénom. Notez comment ils s'écrivent.

1. ....
2. ....
3. ....
4. ....
5. ....
6. ....

B. À votre tour, épelez votre prénom et votre nom à vos camarades.

L'ALPHABET

A	[a]	**H**	[aʃ]	**O**	[o]	**V**	[ve]
B	[be]	**I**	[i]	**P**	[pe]	**W**	[dubləve]
C	[se]	**J**	[ʒi]	**Q**	[ky]	**X**	[iks]
D	[de]	**K**	[ka]	**R**	[ɛʀ]	**Y**	[igʀɛk]
E	[ə]	**L**	[ɛl]	**S**	[ɛs]	**Z**	[zɛd]
F	[ɛf]	**M**	[ɛm]	**T**	[te]		
G	[ʒe]	**N**	[ɛn]	**U**	[y]		

POSER DES QUESTIONS (1)

○ *Qu'est-ce que c'est ça ?*
● *C'est l'Atomium de Bruxelles.*

○ *Qu'est-ce que ça signifie « Salut » ?*
● *Ça signifie « Hello ».*

8. SONS ET LETTRES

Piste 7

A. Écoutez ces noms et prénoms. Regardez comment ils s'écrivent. Que remarquez-vous ?

Ch Chateaubriand	**C** Colette
■ Charlotte ■ Christian ■ Chantal	■ Camille ■ Cécile ■ Constance

G Gide	**V** Verlaine
■ Georges ■ Gilbert ■ Guillaume	■ Valentin ■ Vincent ■ Yves

R Rimbaud	**J** Jarry
■ Roland ■ Marianne ■ Claire	■ Jérôme ■ Juliette ■ Joseph

Z Zola	**B** Baudelaire
■ Zacharie ■ Zoé ■ Zinedine	■ Bernard ■ Bruno ■ Sébastien

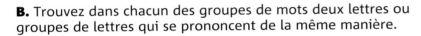

B. Trouvez dans chacun des groupes de mots deux lettres ou groupes de lettres qui se prononcent de la même manière.

C. Maintenant, trouvez trois lettres ou groupes de lettres qui se prononcent de deux manières différentes.

9. DE 0 À 20

Piste 8

Écoutez les nombres de 0 à 20 et retrouvez leur orthographe dans l'encadré.

0. ....
1. ....
2. ....
3. ....
4. ....

5. ....
6. ....
7. ....
8. ....
9. ....

10. ....
11. ....
12. ....
13. ....
14. ....

15. ....
16. ....
17. ....
18. ....
19. ....
20. ....

zéro [zero]	dix [dis]	cinq [sɛ̃k]	trois [trwa]	un [œ̃]	deux [dø]
douze [duz]	neuf [nœf]	vingt [vɛ̃]	six [sis]	seize [sɛz]	quinze [kɛ̃z]
quatorze [katɔʀz]	treize [trɛz]	onze [ɔ̃z]	sept [sɛt]	huit [ɥit]	quatre [katʀ]

ÉPELER

○ *Je m'appelle Kelly.*
● *Comment ça s'écrit ?*
○ *K, E, deux L, Y.*

○ *Je m'appelle Constança.*
● *Comment ça s'écrit ?*
○ *C, O, N, S, T, A, N, C cédille, A.*

Attention aux accents !

Zo**é** : Z, O, **E accent aigu**
Ève : **E accent grave**, V, E
Beno**î**t : B, E, N, O, **I accent circonflexe**, T

L'INTONATION DE LA PHRASE

À l'oral, l'intonation est parfois la seule façon de distinguer une question d'une affirmation.

Anne s'écrit avec deux N ?

Anne s'écrit avec deux N.

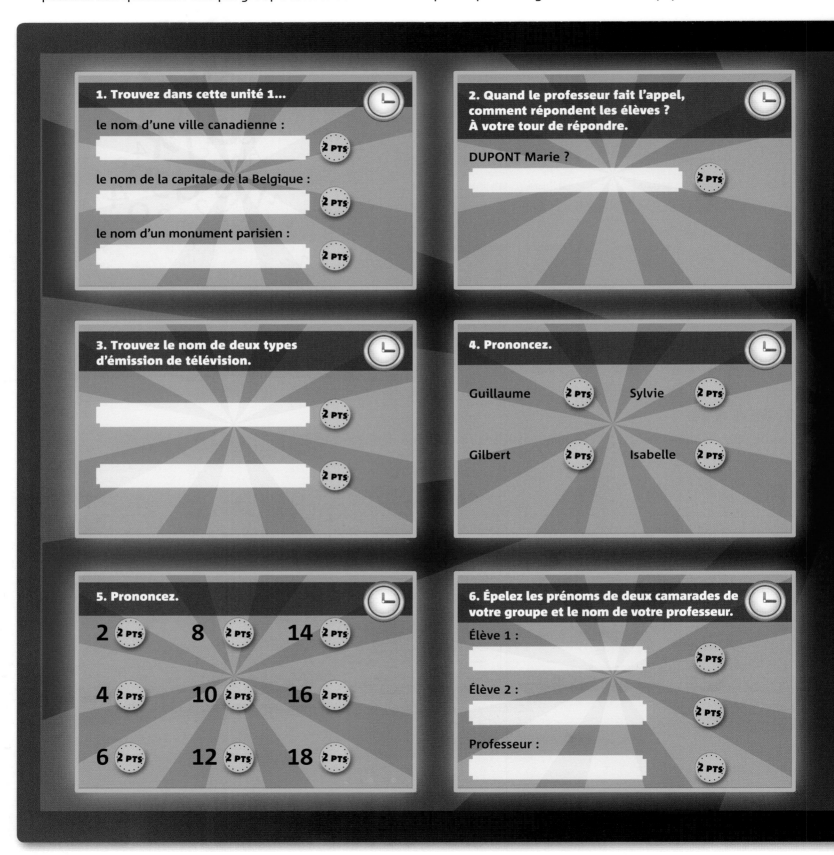

10. LE GRAND QUIZ !

Par groupes, explorez cette unité et votre manuel *Nouveau Rond-Point* puis répondez le plus rapidement possible aux questions. Chaque groupe calcule son nombre de points pour désigner la meilleure équipe.

1. Trouvez dans cette unité 1...

le nom d'une ville canadienne :

2 PTS

le nom de la capitale de la Belgique :

2 PTS

le nom d'un monument parisien :

2 PTS

2. Quand le professeur fait l'appel, comment répondent les élèves ? À votre tour de répondre.

DUPONT Marie ?

2 PTS

3. Trouvez le nom de deux types d'émission de télévision.

2 PTS

2 PTS

4. Prononcez.

Guillaume 2 PTS   Sylvie 2 PTS

Gilbert 2 PTS   Isabelle 2 PTS

5. Prononcez.

2 2 PTS   8 2 PTS   14 2 PTS

4 2 PTS   10 2 PTS   16 2 PTS

6 2 PTS   12 2 PTS   18 2 PTS

6. Épelez les prénoms de deux camarades de votre groupe et le nom de votre professeur.

Élève 1 :

2 PTS

Élève 2 :

2 PTS

Professeur :

2 PTS

Découvrez les activités 2.0
sur rond-point.emdl.fr

7. Combien d'unités y a-t-il dans ce manuel ?

- [ ] **6**
- [ ] **9**
- [ ] **12**

1 PT

8. Quel niveau du Cadre européen commun allez-vous atteindre avec ce manuel ?

- [ ] **A1**
- [ ] **A2**
- [ ] **B1**

1 PT

9. Les textes en rouge sont...

- [ ] des exemples d'expression écrite.
- [ ] des exemples d'expression orale.
- [ ] des phrases à répéter.

1 PT

10. Les textes en bleu sont...

- [ ] des exemples d'expression écrite.
- [ ] des exemples d'expression orale.
- [ ] des phrases à répéter.

1 PT

11. Où pouvez-vous trouver la grammaire nécessaire pour la réalisation des activités de l'unité ?

- [ ] Dans la bande jaune des pages « Formes et ressources ».
- [ ] Dans le Précis de grammaire.
- [ ] Dans ces deux sections.

1 PT

12. Vous pouvez trouver le Précis de grammaire à partir de la page...

1 PT

11. LA FRANCE EN CHIFFRES

A. À quoi se réfèrent les chiffres de cette liste ?
Par petits groupes, faites des hypothèses.

68,7	millions de personnes
6	tour Eiffel
1948	fromages
3	châteaux
+ 300	couleurs du drapeau français
65	% de musiciens amateurs en France
1	km de côtes sableuses sur le littoral français
+ 1000	aéroports
25	côtés de l'hexagone
475	km² (France métropolitaine)
543 965	millions d'animaux de compagnie

B. Avec deux camarades, définissez votre pays en quelques chiffres puis affichez votre définition.

2 PRISE DE CONTACT

http://www.ecoledelanguesrond-point.rp

École de langues Rond-Point
Questionnaire sur l'apprentissage du français

Moi, j'apprends le français...

☐ *pour mon travail.*

☐ *parce qu'un membre de ma famille est français.*

☐ *pour les vacances.*

☐ *pour mieux connaître la culture française.*

☐ *pour parler avec mes amis.*

☐ *parce qu'on apprend le français à l'école.*

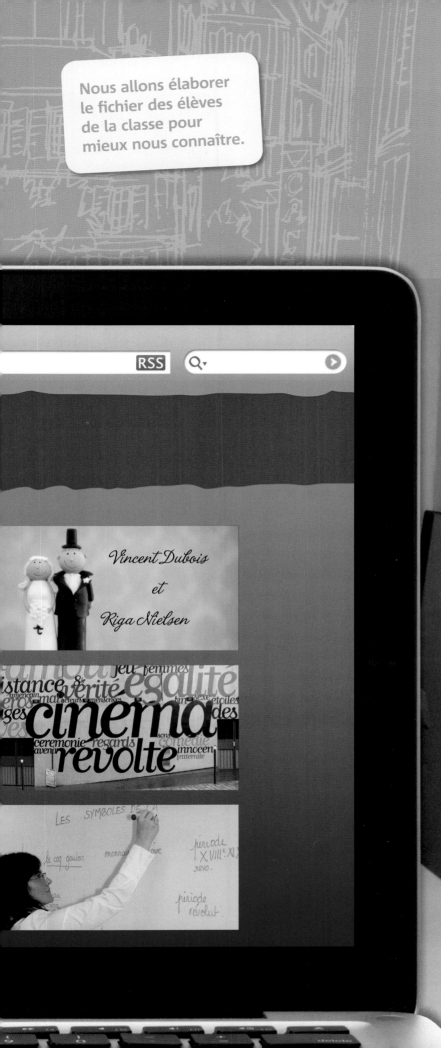

Nous allons élaborer le fichier des élèves de la classe pour mieux nous connaître.

1. POURQUOI LE FRANÇAIS ?

A. Pourquoi apprenez-vous le français ? Cochez la/les réponse(s) du questionnaire qui vous conviennent.

B. Selon vous, y a-t-il d'autres bonnes raisons pour apprendre le français ?

C. Pourquoi ces étudiants apprennent-ils le français ? Écoutez et prenez des notes.

Piste 9

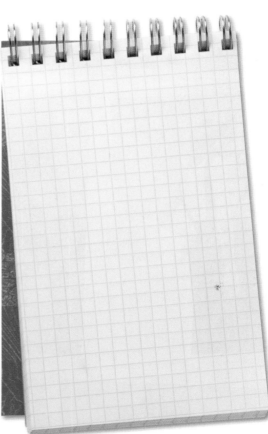

D. Quelles sont les deux premières raisons des étudiants de votre classe pour apprendre le français ?

vos stratégies ✖

Il est toujours important de réfléchir à vos motivations pour apprendre une langue. Cela vous aidera à mieux établir vos objectifs et vos priorités.

2. NOS IMAGES DU FRANÇAIS

A. Associez chaque photo à un ou plusieurs thèmes de la liste.

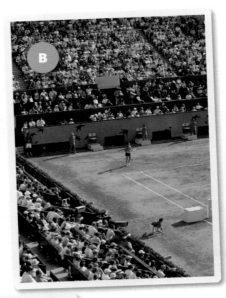

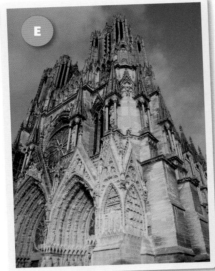

1. Le cinéma ....
2. La mode ....
3. Les gens ....
4. La politique ....
5. Le tourisme ....
6. La francophonie ....
7. Le sport ....
8. La cuisine ....
9. La littérature ....
10. L'Union européenne ....
11. L'Histoire ....
12. Autres ....

B. Parmi ces thèmes, lesquels vous intéressent ? Y en a-t-il d'autres ?

3. L'EUROPE EN CHANSONS

Piste 10

A. La télévision retransmet un concours de chansons. C'est le moment pour la France d'attribuer des points aux différents pays participants. Complétez le tableau avec les points entendus.

		Points				Points
	Allemagne	08			Islande	
	Autriche				Italie	
	Belgique				Lettonie	
	Bosnie-Herzégovine				Luxembourg	
	Bulgarie				Norvège	
	Chypre				Pays-Bas	
	Croatie				Pologne	
	Espagne				Roumanie	
	Estonie				Royaume-Uni	
	France				Russie	
	Grèce				Portugal	
	Hongrie				Slovénie	
	Irlande				Suède	

B. Maintenant, fermez votre livre et citez six noms de pays que vous avez retenus.

C. Y a-t-il d'autres noms de pays que vous voulez connaître ? Demandez-les à votre professeur.

4. PAYS ET VILLES D'EUROPE

A. Savez-vous dans quels pays ces photos ont été prises ? Parlez-en avec deux camarades.

● *Je crois que ça, c'est la Belgique.*
○ *La Belgique ? Non, ça, c'est les Pays-Bas.*

B. Écoutez les noms de villes suivants et regardez comment ils s'écrivent. Barrez les lettres qui ne se prononcent pas.

Piste 11

▶ Paris   ▶ Londres
▶ Athènes   ▶ Bruxelles
▶ Dublin   ▶ Berlin
▶ Genève   ▶ Prague
▶ Vienne   ▶ Varsovie
▶ Lisbonne   ▶ Madrid

C. Cherchez le nom de trois autres capitales et épelez-les à un camarade qui va les écrire.

5. VOUS CONNAISSEZ CES MOTS !

A. Ces mots sont déjà apparus dans le manuel. Ajoutez l'article défini correspondant : **le, la, l', les**.

.... alphabet	.... culture	.... France	.... mode	.... sport
.... cinéma	.... école	.... gens	.... musique	.... tourisme
.... Côte d'Azur	.... Europe	.... Histoire	.... politique	.... Union européenne
.... cuisine	.... français	.... littérature	.... Seine	.... vacances

B. À deux, échangez tout ce que vous savez sur ces mots.

● *« Le cinéma » : c'est un mot masculin.*
○ *Et en allemand, c'est neutre : « Das Kino ».*

LES NOMBRES DE **20 À 69**

20	vingt	**40**	quarante
21	vingt et un	**50**	cinquante
22	vingt-deux	**60**	soixante
30	trente	**61**	soixante et un
31	trente et un	**69**	soixante-neuf

LES NOMBRES DE **70 À 100** ET PLUS

70	soixante-dix (60 + 10)	**90**	quatre-vingt-dix
71	soixante et onze (60 + 11)	**91**	quatre-vingt-onze
72	soixante-douze	**99**	quatre-vingt-dix-neuf
79	soixante-dix-neuf	**100**	cent
80	quatre-vingts (4 x 20)	**200**	deux cents
81	quatre-vingt-un	**1 000**	mille
85	quatre-vingt-cinq	**1 000 000**	un million

ARTICLES DÉFINIS

	MASCULIN	FÉMININ
SINGULIER	**le** sport **l'**art	**la** cuisine **l'**histoire
PLURIEL	**les** gens	

GENRE ET NOMBRE DES NOMS

En français, les noms ont un genre avec lequel les articles et les adjectifs s'accordent.

le cinéma américain   **la** musique américaine

Les articles et les adjectifs s'accordent aussi en nombre avec le nom.

les fromages suisse**s**   **les** montagnes suisse**s**

PRONOMS PERSONNELS

SUJET (ATONES)	TONIQUES
je / j'	moi
tu	toi
il	lui
elle	elle
nous	nous
vous	vous
ils	eux
elles	elles

● *Et **lui**, il est allemand ?*
○ *Non, il est hollandais. **Elle**, elle est allemande.*
● *Et **toi**, tu es français ?*
○ *Non, **moi**, je suis belge.*

6. COMMENT S'APPELLENT-ILS ?

A. Les personnes de ces illustrations font des présentations. Retrouvez le nom de chaque personne.

> **1** Je m'appelle Danielle, lui, il s'appelle Michel et elle, elle s'appelle Gabrielle.

> **2** Elle s'appelle Kielo, lui, il s'appelle Mika et moi, je m'appelle Aku.

B. Maintenant, présentez-vous et présentez deux camarades au reste de la classe.

7. CARTON PLEIN !

Piste 12

Nous allons jouer au Loto. Effacez six cases pour créer votre grille, puis écoutez les chiffres et cochez-les sur votre grille. Qui a gagné ?

1	12	21	30	41	52	60	73	81
2	13	22	33	43	55	62	74	83
4	16	23	37	45	56	65	76	85
8	19	27	39	49	58	67	77	86

8. VOTRE PORTABLE ?

Piste 13

A. Quatre personnes demandent un moyen de contact à quelqu'un. Dans quel ordre ?

▢ Vous avez un numéro de téléphone ?

....

▢ Vous avez une adresse électronique ?

....

▢ Vous avez un portable ?

....

▢ Comment vous vous appelez ?

....

B. Écoutez les réponses et notez-les.

ÊTRE ET AVOIR AU PRÉSENT

ÊTRE		AVOIR	
je	**suis**	j'	**ai**
tu	**es**	tu	**as**
il / elle / on	**est**	il / elle / on	**a**
nous	**sommes**	nous	**avons**
vous	**êtes**	vous	**avez**
ils / elles	**sont**	ils / elles	**ont**

IDENTIFIER : C'EST / CE SONT

- *Ça, **c'est** l'Espagne ?*
- *Non, **ce n'est pas** l'Espagne, **c'est** l'Italie.*

- ***Ce sont** les îles Seychelles ?*
- *Non, **ce sont** les îles Comores.*

DEMANDER DES RENSEIGNEMENTS

- *Comment vous appelez-vous ?*
- *Je m'appelle David.*
- *Avez-vous un numéro de téléphone ?*
- *Bien sûr, c'est le zéro un, vingt-deux, vingt-trois, quarante-quatre, vingt-huit.*
- *Et une adresse électronique, s'il vous plaît ?*
- *Oui. D, A, V, I, D, arobase, R, O, N, D, tiret, P, O, I, N, T, point, R, P (david@rond-point.rp).*

S'APPELER AU PRÉSENT

S'APPELER		
je	**m'**	appell**e**
tu	**t'**	appell**es**
il / elle / on	**s'**	appell**e**
nous	**nous**	appel**ons**
vous	**vous**	appel**ez**
ils / elles	**s'**	appell**ent**

9. DIX BONNES RAISONS

A. Lisez ce document et commentez-le avec vos camarades.
Les raisons évoquées vous semblent-elles de bonnes raisons ?

10 raisons pour apprendre le français

1 Une langue parlée dans le monde entier
Plus de 200 millions de personnes parlent français sur les cinq continents.

2 Une langue pour trouver un emploi
La connaissance du français ouvre les portes de beaucoup d'entreprises.

3 Une langue de culture
Le français est utilisé internationalement pour la cuisine, la mode, le théâtre...

4 Une langue pour voyager
La France est le pays le plus visité au monde.

5 Une langue pour étudier en France
Parler français permet d'étudier dans les universités françaises.

6 L'autre langue des relations internationales
Le français est langue officielle à l'ONU, dans l'Union européenne, à l'UNESCO...

7 Une langue pour s'ouvrir sur le monde
Le français est une des langues les plus présentes sur Internet.

8 Une langue agréable à apprendre
On peut très vite atteindre un niveau permettant de communiquer en français.

9 Une langue pour apprendre d'autres langues
Apprendre le français aide à apprendre d'autres langues latines (l'espagnol, l'italien, le portugais...)

10 La langue de l'amour et de l'esprit
Apprendre le français, c'est le plaisir d'apprendre une langue belle et riche.

D'après un texte de la Direction générale de la coopération internationale et du développement

● Pour moi, la première raison pour apprendre le français, c'est la 4.
○ Pour moi, c'est la 1.

B. Travaillez par groupes. Êtes-vous capables de donner cinq raisons pour étudier votre propre langue ?

10. LE FICHIER DE NOTRE CLASSE

A. Vous allez créer le fichier de la classe. Voici quelques informations que vous pouvez demander à vos camarades. Y en a-t-il d'autres que vous aimeriez connaître ? Lesquelles ?

- Nom et prénom
- Téléphone fixe
- Portable
- Adresse électronique
- Motivation pour apprendre le français
- ...

B. Par petits groupes, écrivez les questions nécessaires pour remplir les informations de la fiche. Puis vérifiez avec votre professeur que les questions préparées sont correctes.

● Pour demander le nom et le prénom ?
○ « Comment vous appelez-vous ? »
■ Et pour demander...

vos stratégies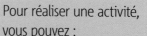

Pour réaliser une activité, vous pouvez :
- la préparer par écrit ;
- consulter votre manuel, un dictionnaire, Internet... ;
- échanger des informations avec vos camarades ;
- poser des questions à votre professeur.

C. Ensuite, décidez du format des fiches (format papier ou électronique, sur un blog ou un réseau social, etc.), et décidez si vous voulez ajouter des images.

D. Maintenant, chacun pose des questions à un camarade d'un autre groupe et note ses réponses.

- Comment vous appelez-vous ?
- Anna Bellano.
- Avez-vous une adresse électronique ?
- Oui : annabellano, arobase, u, sept, point, rp. J'épelle : A, deux N, A, B, E, deux L, A, N, O, arobase, U, sept, point, R, P.
- Pourquoi apprenez-vous le français ?
- Pour étudier en France.

E. Regroupez vos fiches individuelles dans un fichier à la disposition de tous pour la durée du cours. Vous pourrez le compléter progressivement.

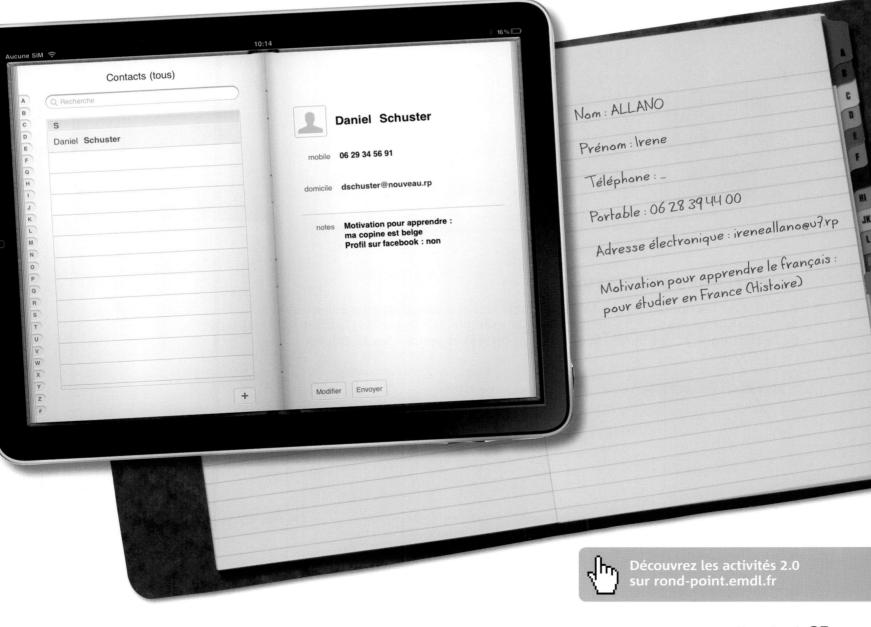

Découvrez les activités 2.0 sur rond-point.emdl.fr

Portrait-robot des Français

11. QUELQUES NOMS

A. Voici quelques noms et prénoms très fréquents en France. Choisissez les cinq que vous préférez.

B. Parmi les noms de famille de ce site, devinez lequel est le plus commun en France.

C. Lisez l'encadré ci-dessous pour vérifier si vos réponses coincident avec la réalité française.

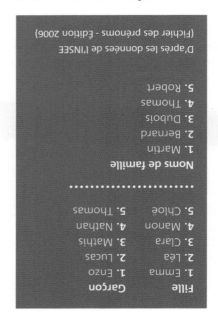

(D'après les données de l'INSEE (Fichier des prénoms - Édition 2006))

Noms de famille

1. Martin
2. Bernard
3. Dubois
4. Thomas
5. Robert

Garçon	Fille
1. Enzo	1. Emma
2. Lucas	2. Léa
3. Mathis	3. Clara
4. Nathan	4. Manon
5. Thomas	5. Chloé

12. QUELQUES STATISTIQUES

A. Observez les données de ce tableau. Quels autres renseignements aimeriez-vous connaître sur les Français ? Cherchez-les, par exemple, sur le site de l'Institut National de la Statistique et des Études Économiques (INSEE) et ajoutez-les au tableau.

Indicateurs démographiques France métropolitaine 2009				
Indice de fécondité	Âge moyen des mères	Taux d'emploi*		
		Hommes	Femmes	
1,98 enfant	30 ans	68,5 %	60,1 %	

* Le taux d'emploi est la proportion de personnes disposant d'un emploi parmi celles en âge de travailler (15 à 64 ans)

Source : INSEE, Division des enquêtes et études démographiques (http://www.insee.fr).

B. Cherchez les mêmes renseignements sur votre pays. Comparez-les.

13. QUELQUES CHIFFRES

A. Lisez cet article et faites un graphique pour représenter l'usage du téléphone portable chez les jeunes en France. Puis complétez le graphique ci-dessous.

Les Français et les nouvelles formes de communication

La téléphonie mobile

En juin 2009, il y avait 56,6 millions de clients mobiles en France pour 62,1 millions d'habitants, selon les données de l'Arcep (Autorité de régulation des communications électroniques et des postes). Malgré une progression continue, la France reste derrière beaucoup de pays industrialisés sur ce point.

Chez les jeunes, l'usage du téléphone portable est de plus en plus courant. Selon un sondage TNS-Sofres pour l'Association française des opérateurs mobiles, en 2009 49 % des Français entre 12 et 13 ans possédaient leur propre portable, ce chiffre montait à 76 % chez les 14 et les 15 ans, et jusqu'à 95 % chez les 16 et les 17 ans.

Internet

Selon le cabinet d'étude Comscore, l'Allemagne est le pays qui compte le plus d'internautes (40 millions au total) en Europe en avril 2009, devant le Royaume-uni (36,8 millions) et la France (36,3 millions). Pourtant c'est au Royaume-Uni que les individus passent le plus de temps sur Internet (29 heures par internaute en avril), devant la France (28 heures) ou encore la Finlande (26 heures).

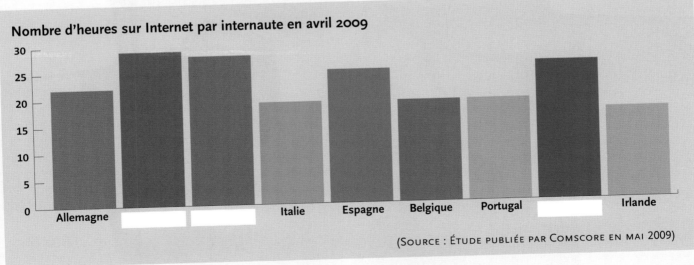

Nombre d'heures sur Internet par internaute en avril 2009

Allemagne — Italie — Espagne — Belgique — Portugal — Irlande

(SOURCE : ÉTUDE PUBLIÉE PAR COMSCORE EN MAI 2009)

B. Comparez les chiffres de l'article avec la réalité de votre pays.

3 POINTS COMMUNS

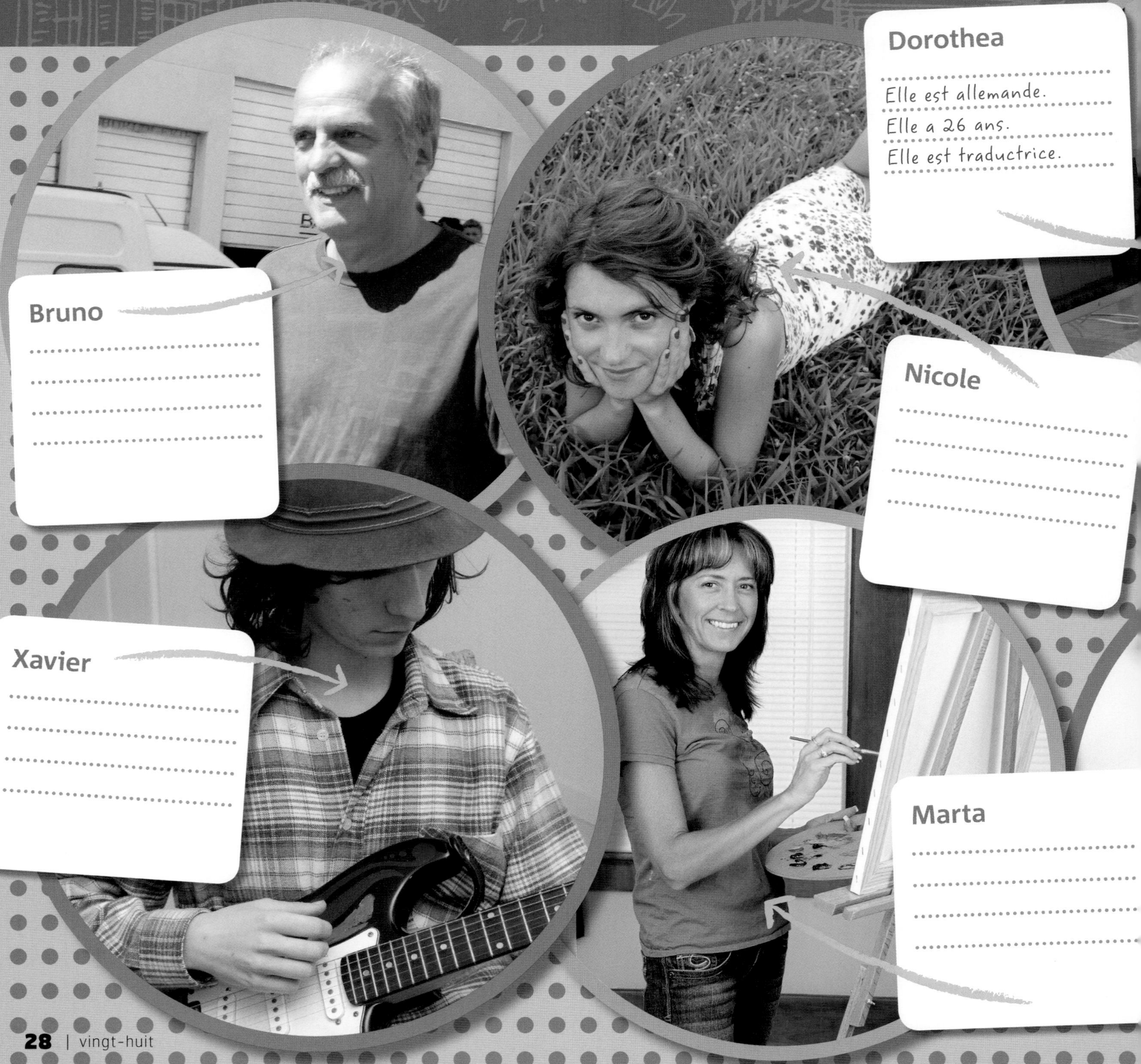

Bruno

....
....
....
....

Dorothea

Elle est allemande.

Elle a 26 ans.

Elle est traductrice.

Nicole

....
....
....
....

Xavier

....
....
....
....

Marta

....
....
....

Nous allons former des groupes selon les affinités de chacun.

Taadaki

1. QUI EST QUI ?

A. À deux, à l'aide des informations ci-dessous, essayez de deviner la nationalité, l'âge et la profession de ces personnes. Complétez leur fiche comme dans l'exemple de Dorothea.

Nationalité

- italien
- américaine
- allemande
- espagnole
- japonais
- français

Profession

- musicien
- étudiante
- traductrice
- peintre
- cuisinier
- architecte

Âge

- 24 ans
- 45 ans
- 58 ans
- 19 ans
- 33 ans
- 26 ans

B. Maintenant, comparez vos propositions à celles des autres groupes.

- ● Nous pensons que Nicole est étudiante.
- ○ Nous aussi.

C. Écoutez ces conversations et regardez à nouveau les photos. À votre avis, de qui parlent-ils ?

Piste 14

	Ils parlent de...
Conversation 1	
Conversation 2	
Conversation 3	
Conversation 4	

2. RUE DU MOULIN NEUF

A. Tous ces gens habitent rue du Moulin Neuf. Regardez l'illustration et lisez les textes. Ensuite, écrivez le prénom et le nom d' / de...

un jeune garçon : ....

une dame âgée : ....

quelqu'un qui ne travaille pas : ....

un célibataire : ....

une personne qui étudie : ....

quelqu'un qui fait du sport : ....

quelqu'un qui travaille dans une banque : ....

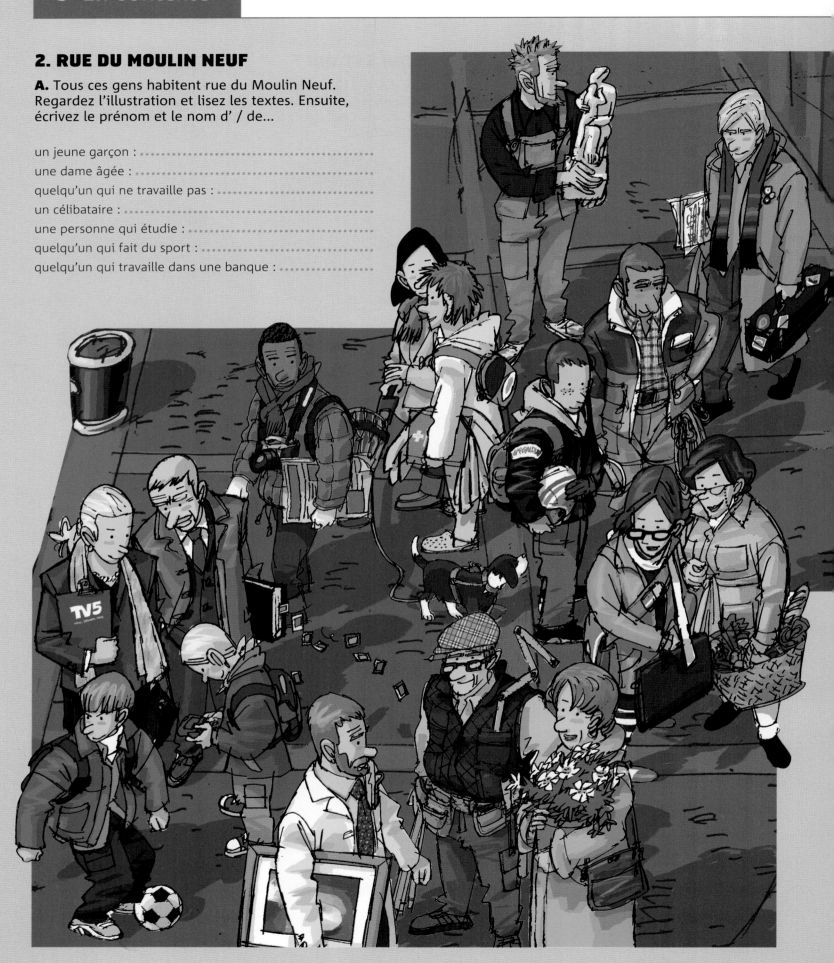

Au numéro 16, rez-de-chaussée

SONIA GUICHARD
- Elle a cinquante-huit ans.
- Elle est assistante sociale.
- Elle aime beaucoup les plantes.
- Elle n'aime pas le bruit.

ALBERT GUICHARD
- Il est retraité.
- Il a soixante-cinq ans.
- Il est sympathique et poli.
- Il aime bricoler.

Au numéro 16, 2ᵉ étage

MARC LEFRANC
- Il a trente-trois ans.
- Il est dentiste.
- Il est très cultivé et un peu prétentieux.
- Il aime l'art contemporain.

Au numéro 16, 3ᵉ étage

JAMAL YACOUB
- Il est journaliste.
- Il est jeune, il est beau et il est célibataire.
- C'est un excellent percussionniste.

Au numéro 16, 1ᵉʳ étage

GÜNTER ENGELMANN
- Il est directeur d'une agence bancaire.
- Il est allemand.
- Il a quarante-cinq ans.
- Il collectionne les timbres.

JENNIFER LAROCHE-ENGELMANN
- Elle a trente ans.
- Elle travaille à la télévision.
- Elle a deux enfants.

NATHALIE ENGELMANN
- Elle a huit ans.
- Elle aime les jeux électroniques.
- C'est une bonne élève.

DAVID ENGELMANN
- Il a douze ans.
- Il est très bavard.
- Il aime le football.

Au numéro 16, 4ᵉ étage

MARC WIJNSBERG
- Il est sculpteur.
- Il est divorcé.
- Il est sociable et très bavard.
- Il aime rire.

Au numéro 16, 1ᵉʳ étage

SYLVIE CUVELIER
- Elle a quarante et un ans.
- Elle est publicitaire.
- Elle est très coquette, elle aime beaucoup la mode.

FREDDY CUVELIER
- Il travaille dans l'immobilier.
- Il a quarante-quatre ans.
- Il est dynamique, travailleur, très ambitieux.
- Il aime l'escalade.

JEAN-MARC CUVELIER
- Il a dix-neuf ans.
- Il fait des études de géographie.
- Il aime les grosses motos et sortir avec ses copains.

Au numéro 16, 4ᵉ étage

ANNE-MARIE FLABAT
- Elle est informaticienne.
- Elle aime les animaux.
- Elle a un chien et un chat.

JUSTINE FLABAT
- Elle a vingt-sept ans.
- Elle est infirmière.
- Elle aime la danse moderne.

Au numéro 16, 2ᵉ étage

PHILIPPE BONTÉ
- Il a vingt-sept ans.
- Il est canadien.
- Il est professeur de musique.
- Il joue de la trompette.

Au numéro 16, 3ᵉ étage

BARBARA PINCHARD
- Elle a soixante-neuf ans.
- Elle est veuve.
- C'est une dame très gentille.
- C'est une excellente cuisinière.

B. Écoutez ces conversations entre voisines. De qui parlent-elles ? Que disent-elles ? À deux, complétez le tableau.

Piste 15

ELLES PARLENT DE...	ELLES DISENT QU'IL / ELLE EST...
1	
2	
3	
4	

3. JAPONAIS, JAPONAISE

Quels sont les pays correspondants à ces adjectifs ? Essayez aussi de compléter la liste.

1. espagnol
espagnole

4. suédois
suédoise

7. anglais
....

2. italien
italienne

5. américain
américaine

8. mexicain
....

3. japonais
japonaise

6. chinois
....

9. autrichien
....

4. QUI AIME LE THÉÂTRE ?

A. Par groupes de trois, pensez à vos camarades de classe et décidez qui aime...

le théâtre : *Boris*

chanter : ....

l'art contemporain : ....

les courses automobiles : ....

le hip-hop : ....

les langues : ....

faire du camping : ....

danser : ....

.... : ....

B. Vérifiez vos hypothèses.

● *Nous pensons que Boris aime le théâtre.*
○ *Non, je n'aime pas le théâtre...*

5. MON ARBRE GÉNÉALOGIQUE

A. Irène parle de sa famille ; écoutez-la et complétez son arbre généalogique.

Piste 16

Jeanne

Jacqueline   Denise   Pierre

Irène

B. Maintenant, comparez vos réponses à celles d'un camarade.

LA PROFESSION

● *Qu'est-ce qu'il / elle fait dans la vie ?*
○ *Elle est informaticienne.*
○ *Il travaille dans une banque.*
○ *Il fait des études de chimie.*

LA NÉGATION : NE... PAS

Elle n'aime pas le bruit.
Il ne travaille pas.
Il n'est pas français.

POSSESSIFS ET LIENS DE PARENTÉ

mon père **ma** mère	**mes** parents
ton frère **ta** sœur	**tes** frères et sœurs
son grand-père **sa** grand-mère	**ses** grands-parents
leur fils **leur** fille	**leurs** enfants

AIMER AU PRÉSENT

AIMER	
j'	aim**e**
tu	aim**es**
il / elle / on	aim**e**
nous	aim**ons**
vous	aim**ez**
ils / elles	aim**ent**

6. CÉLÉBRITÉS

A. Voici quelques francophones célèbres. À votre avis, quelle est leur année de naissance ? Parlez-en entre vous.

1. Patrick Bruel est un chanteur et acteur français, né à Tlemcen, en Algérie.

2. Jean Reno est un acteur mondialement connu. Il est né à Casablanca de parents espagnols.

3. Lætitia Casta, née à Pont-Audemer, est un mannequin « top model » et une actrice française.

4. Amélie Nothomb est une écrivaine belge. Elle est née à Kobé, au Japon.

N°   1978   N°   1967   N°   1948   N°   1959

 Je pense que Lætitia Casta est née en...

B. Quel âge ont-ils ?

Patrick Bruel a...
Jean Reno a...
Lætitia Casta a...
Amélie Nothomb a...

C. Maintenant, pensez à un personnage célèbre et laissez la classe vous poser des questions pour deviner de qui il s'agit.

● *C'est un homme ou une femme ?*
○ *Une femme.*
● *Quelle est sa nationalité ?*
○ *Elle est italienne.*
● *Elle a quel âge ?*
○ *Environ 45 ans.*
● *Qu'est-ce qu'elle fait dans la vie ?*
○ *Elle est actrice.*
● *J'ai trouvé !*
  C'est Monica Bellucci.

vos stratégies

Pour bien assimiler les règles de grammaire, il est important de les mettre en pratique à travers des activités en contexte.

PARLER DE SES GOÛTS

Aimer + **le** / **la** / **l'** / **les** + nom
Il aime le football / *l'art* / *les animaux...*

Aimer + verbe à l'infinitif
Il aime bricoler / *sortir avec les copains.*

ARTICLES INDÉFINIS

	MASCULIN	FÉMININ
SINGULIER	**un** acteur	**une** actrice
PLURIEL	**des** musiciens	

GENRE ET NOMBRE DES ADJECTIFS

Les adjectifs s'accordent en genre.

	MASCULIN	FÉMININ
consonne + e	excellen**t**	excellen**te**
é + e	cultiv**é**	cultiv**ée**
eux / euse	prétenti**eux**	prétenti**euse**
eur / euse	travaill**eur**	travaill**euse**
e	sympathiqu**e**	

Les adjectifs s'accordent aussi en nombre. En général, on ajoute **-s** pour former le pluriel.

● *David est très poli.*
○ *Augustin aussi est très bien élevé.*
● *C'est vrai, ils sont tous les deux très poli**s** et très bien élevé**s**.*

POSER DES QUESTIONS (2)

	MASCULIN	FÉMININ
SINGULIER	**quel** âge...?	**quelle** profession...?
PLURIEL	**quels** livres...?	**quelles** langues...?

7. VOYAGE EN MÉDITERRANÉE

A. Ces personnes partent en vacances en croisière. Pouvez-vous les associer à la description qui convient ?

1. Charles Bramard, 44 ans, travaille dans une agence de voyages. Il aime les animaux. Il parle français, anglais et espagnol.

2. Giulia Potier, 42 ans, femme au foyer. Elle parle italien (sa langue maternelle) et français.

3. Daniel Potier, époux de Giulia, 43 ans, directeur commercial dans une multinationale. Il aime le camping. Il parle français et assez bien anglais.

4. Eugénie Potier, fille de Giulia et Daniel. Elle a 12 ans, elle est sympathique et ouverte ; elle s'intéresse à tout.

5. Éric Laffont, 30 ans, célibataire, skipper, a fait deux tours du monde en voilier. Il parle français et un peu anglais.

6. Federico Sordi, 40 ans, italien. Il aime beaucoup voyager.

7. Isabella Sordi, italienne, 38 ans, mariée avec Federico. Elle parle italien et un peu français.

8. Marc Wijnsberg, 35 ans, divorcé, sculpteur. Il adore les sports d'hiver. Il parle français et anglais.

9. Bertrand Laurent, 62 ans, veuf, ancien capitaine de la marine marchande. Il lit le *National Geographic* en anglais.

10. Paul Duval, 26 ans, étudiant en médecine. Il aime les courses automobiles et le football. Il parle français et anglais.

11. Isabel Gomes, 25 ans, portugaise, petite amie de Paul, étudiante infirmière à Porto. Elle parle portugais, espagnol, anglais et un peu français.

12. Marion Martin, 32 ans, célibataire, journaliste. Elle est écolo. Elle parle français et anglais.

13. Françoise Lepont, 61 ans, retraitée, elle aime le jazz. Elle parle français et italien.

vos stratégies ✕

Le dictionnaire est un outil très pratique pour l'apprentissage des langues. Mais ne cherchez pas tous les mots, commencez par les mots-clés pour comprendre globalement les textes.

14. Jacqueline Soulet, fille de Françoise, 30 ans, employée de banque, elle aime la nature. Elle parle français et assez bien anglais.

15. Pascale Riva, 26 ans, célibataire. Elle fait une école de théâtre. Elle est assez extravertie. Elle parle français et un peu italien.

16. Nicole Nakayama, 29 ans, professeure de français à l'université. Elle est timide et très aimable. Elle parle français, anglais et japonais.

17. Toshio Nakayama, 35 ans, japonais, époux de Nicole. Il aime la pêche. Il parle japonais et assez bien anglais.

B. Comparez vos réponses à celles d'un autre camarade.

C. Vous êtes maître d'hôtel à bord de ce paquebot et vous devez placer ces passagers à table pour le dîner de bienvenue. Écoutez Piste 17 les renseignements sur les passagers et prenez des notes.

D. Par petits groupes, répartissez ces passagers en quatre tables. Ensuite, expliquez et justifiez votre choix à la classe.

À la table numéro 1, je place Nicole avec son mari Toshio. À côté, Marc, parce qu'il parle anglais, comme Toshio...

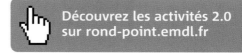

Découvrez les activités 2.0 sur rond-point.emdl.fr

La France, un pays plurilingue

La France se compose d'une mosaïque de langues et de cultures. En plus du français, dans certaines régions, on parle une langue régionale qui peut être étudiée dans les écoles ou les universités : l'alsacien, le basque, le breton, le catalan, le corse, le gallo et l'occitan.

Mais il y a aussi d'autres langues qui sont très présentes dans la vie familiale des Français. Dans de nombreuses familles, on parle la langue maternelle des parents ou des grands-parents immigrés en France : l'arabe, l'espagnol, l'italien, le portugais, le polonais, le chinois... On calcule qu'un quart des citoyens français ont un ancêtre d'origine étrangère venu en France à partir du 19e siècle.

NOS PRÉFÉRÉS

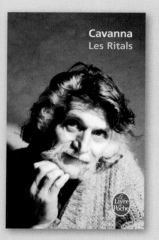

Kiffe kiffe demain (2004), Faiza Guène, Le Livre de Poche.

L'auteure raconte la vie d'une adolescente de 15 ans originaire du Maghreb qui vit dans une cité de la banlieue populaire de Paris.

Les Ritals (1978), François Cavanna, Le Livre de Poche.

Ce roman autobiographique raconte l'enfance de ce fils de « ritals » (nom argotique donné aux immigrés italiens) dans les années 30 près de Paris.

8. LANGUES EN CONTACT

A. Situez sur la carte les régions de France où l'on parle breton, basque, catalan, occitan, corse, gallo et alsacien.

Piste 18

B. Écoutez ces trois personnes qui parlent des langues de leur entourage et prenez des notes.

	Origine des parents et des grands-parents	Langues parlées à la maison	Langues étudiées à l'école
1.			
2.			
3.			

9. PARLEZ–VOUS FRANÇAIS ?

A. Savez-vous quelles langues sont parlées en Belgique, en Suisse et au Canada ? Découvrez-les !

LA BELGIQUE, LA SUISSE ET LE CANADA

En **Belgique**, il y a trois langues officielles : le néerlandais, le français et l'allemand. Dans les Flandres (Nord-Est du pays), la langue officielle est le néerlandais ; en Wallonie (Sud-Ouest), le français ; et dans la région de la Communauté germanophone, l'allemand. Seule la région de Bruxelles-Capitale a deux langues officielles : le néerlandais et le français.

La **Suisse** possède quatre langues nationales qui occupent quatre régions linguistiques : l'allemand, au Nord et au Centre ; le français, parlé à l'Ouest, dans la Suisse romande ; l'italien au Sud, dans le canton de Tessin, et le romanche, parlé par une petite minorité dans le Sud-Est.

Les deux langues officielles au **Canada** sont l'anglais et le français. Le français est la langue officielle du Québec et il est également officiel, avec l'anglais, au Nouveau-Brunswick au Yukon et au Nunavut. Dans cette dernière région, l'inuktitut est la langue de la majorité et une des onze langues officielles. Dans les Territoires du Nord-Ouest, il y a aussi plusieurs langues autochtones officielles.

B. Observez ces photos. De quels pays et/ou régions proviennent-elles ?
Reconnaissez-vous les différentes langues ?

C. Quelles sont les langues parlées dans votre pays ou dans votre région ? Et dans votre famille ?

4 LA VIE EN ROCK

Les grands rendez-vous de la Fête de la musique

Air

Le plus international des groupes de musique électronique française joue samedi sur la scène de la place de la Bastille à Paris.

Jean-Benoît Dunckel et Nicolas Godin sont les créateurs d'un style vraiment original situé entre la musique électronique, le rock psychédélique et la pop. Timides en apparence, ces deux musiciens offrent des concerts en direct vibrants et pleins d'énergie.

Amadou & Mariam

Les deux chanteurs maliens visitent la place de la Comédie de Montpellier pour fêter cette journée consacrée à la musique.

Amadou et Mariam mélangent le rock et la musique malienne pour créer un style dansant et très gai. Leurs chansons, en langue bambara, en français et en anglais, sont un exemple parfait de métissage et parlent des problèmes de l'Afrique et du monde, mais aussi de la joie de vivre.

Lynda Lemay

Sensible, attentive, chaleureuse, drôle... la Québécoise, en tournée mondiale, chante samedi sur la scène de la place Charles de Gaulle à Lille.

Dans ses chansons, Lynda Lemay parle de la famille, du couple, de la souffrance, des injustices sociales et de l'amour.

Benjamin Biolay

Chanteur et compositeur à succès, Benjamin Biolay présente son nouvel album place Bellecour à Lyon.

Les nouvelles chansons de Biolay, belles et optimistes, parlent de l'amour et du bonheur. Son talent de compositeur est toujours évident et il explore tous les styles : de la pop au rap en passant par l'électronique.

Nous allons rédiger l'interview d'un camarade de classe.

1. LA FÊTE DE LA MUSIQUE

A. Cette revue recommande à ses lecteurs quatre concerts pour la Fête de la musique. À quel concert préférez-vous aller ?

- ● Moi, je préfère aller au concert d'Amadou et Mariam. Et toi ?
- ○ Moi, au concert de Benjamin Biolay, j'aime bien son style.

B. Au cours d'une émission radio, trois auditeurs parlent de ces artistes. Notez ce qu'ils disent : s'ils aiment, s'ils adorent, s'ils n'aiment pas ou s'ils détestent ces chanteurs.

Piste 19

	Appel 1	Appel 2	Appel 3
Air			
Amadou et Mariam			
Benjamin Biolay			
Lynda Lemay			

C. Quel style de musique aimez-vous ? Répondez aux questions suivantes, puis interrogez quelques camarades. Avez-vous les mêmes goûts ?

Quel est votre chanteur préféré ?

Quelle est votre chanteuse préférée ?

Quelles sont vos chansons préférées ?

2. ROMAN PHOTO

A. Où est Yvon sur chacune de ces situations ?

Au travail, à la bibliothèque.

À une soirée d'été.

À la terrasse du restaurant universitaire.

En cours.

B. Quelle forme d'adresse emploie Yvon dans chaque cas : **tu** ou **vous** ? Dans quelle situation propose-t-il de passer de **vous** à **tu** ?

C. Écoutez trois nouvelles conversations d'Yvon, le même jour. Notez le thème évoqué puis relevez les formes d'adresse employées par Yvon et ses interlocuteurs.

Piste 20

Thème de la conversation	Vous	Tu
Conversation 1 :		
Conversation 2 :		
Conversation 3 :		

D. Existe-t-il dans votre langue différentes manières de s'adresser à quelqu'un ? Discutez-en entre vous.

vos stratégies ✕

Comparer des échantillons de langue en contexte permet de mieux comprendre leur sens et de réemployer les tournures de phrases dans d'autres situations.

3. DEUX ENTRÉES POUR UN CONCERT !

A. Le site du festival *Zik* vous propose de remplir ce questionnaire en ligne pour gagner deux entrées au concert de votre choix.

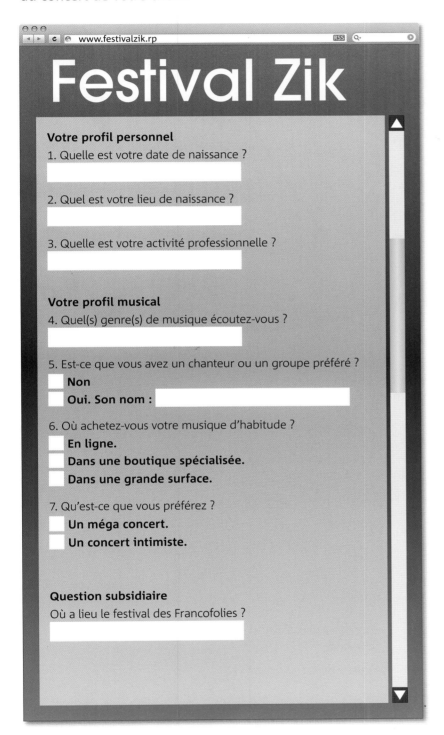

www.festivalzik.rp

Festival Zik

Votre profil personnel

1. Quelle est votre date de naissance ?

2. Quel est votre lieu de naissance ?

3. Quelle est votre activité professionnelle ?

Votre profil musical

4. Quel(s) genre(s) de musique écoutez-vous ?

5. Est-ce que vous avez un chanteur ou un groupe préféré ?
- **Non**
- **Oui. Son nom :**

6. Où achetez-vous votre musique d'habitude ?
- **En ligne.**
- **Dans une boutique spécialisée.**
- **Dans une grande surface.**

7. Qu'est-ce que vous préférez ?
- **Un méga concert.**
- **Un concert intimiste.**

Question subsidiaire

Où a lieu le festival des Francofolies ?

B. À deux, échangez vos questionnaires et, à partir des réponses obtenues, essayez de deviner à quel concert vous pouvez inviter votre camarade.

4. CYRANO ET ROXANE

A. Connaissez-vous l'histoire de Cyrano de Bergerac ? Que savez-vous des personnages de Cyrano et Roxane ?

B. Lisez ces descriptions. À deux, pensez à un acteur et à une actrice pour jouer ces rôles.

Cyrano est poète et écrivain, philosophe, physicien et musicien. Il est intelligent, cultivé, ironique et généreux. Cyrano est un homme indépendant, quelqu'un qui peut être irritant, mais qui parle bien et qui sait séduire. La caractéristique physique de Cyrano reste bien entendu son très long nez !

Roxane est la cousine de Cyrano. C'est une jeune femme très belle, intelligente et libre. Sa personnalité évolue : d'abord c'est quelqu'un d'un peu superficiel, mais quand elle tombe réellement amoureuse, elle devient plus sage et plus sensible.

C. Décrivez un personnage célèbre de votre culture. Quelles sont ses caractéristiques physiques ?

5. AVEZ-VOUS UNE BONNE MÉMOIRE ?

A. Chez les Dulac, chacun fait ce qu'il aime. Observez l'image pendant une minute puis cachez-la. À deux, retrouvez qui fait quoi.

Qui fait de la musculation ?
Qui fait de la peinture ?
Qui fait de la planche à roulettes ?
Qui fait du yoga ?
Qui fait du rugby ?
Qui fait du jardinage ?

B. Que fait le fils aîné ?
Et le chien ?

6. COMME MOI !

A. Cherchez, dans la classe, des camarades qui ont des points communs avec vous.
Attention : vous devez décider si vous employez le tutoiement ou bien le vouvoiement.

- Où aimez-vous passer vos vacances ?
- À la plage.

- Vous êtes étudiante ?
- Oui, je fais des études d'infirmière. Et vous ?
- Moi, je fais des études d'architecture.

- Est-ce que tu aimes le football ?
- Pas beaucoup.

B. Écrivez ce que vous avez découvert.

Wim a deux frères, comme moi.
Markus fait des études de sociologie, comme moi.

POSER DES QUESTIONS (3)

POSER UNE QUESTION	RÉPONDRE
Vous avez des frères et sœurs **?**	Oui, j'ai un frère.
Est-ce que vous aimez le cinéma ?	Oui, beaucoup ! Et vous ?
Qu'est-ce que c'est ça ?	C'est un cadeau pour toi.
Qui chante *La Vie en rose* ?	Édith Piaf, n'est-ce pas ?
Comment vous appelez-vous ?	Laurent, Laurent Ogier. Et vous ?
Vous habitez **où** ?	À Berlin.
Quel est votre acteur préféré ?	Romain Duris.

Dans un registre soutenu, la marque de l'interrogation est l'inversion sujet-verbe.

> *Aimez-vous le rap français ?*

On peut aussi marquer l'interrogation sans l'inversion : avec **est-ce que** et avec la seule intonation.

> *Est-ce que vous aimez le rock ?*
> *Vous aimez la musique électronique ?*

Placé après le verbe, **qu'est-ce que** devient **quoi** dans un registre familier.

> *Qu'est-ce que tu fais ?*   =   *Tu fais quoi ?*

7. STÉRÉOTYPES

A. Il y a souvent des stéréotypes sur les goûts des Français, des Allemands, des Américains, etc. Quels sont-ils ?

Les Français...
aiment..
n'aiment pas.....................................

Les Allemands...
....
....

Les Italiens...
....
....

Les Américains...
....
....

Les ....
....
....

B. Avez-vous vécu des expériences qui confirment ces stéréotypes ? Quels sont les stéréotypes concernant les goûts des habitants de votre pays ?

8. VRAI OU FAUX

A. Par groupes, chacun fait trois affirmations sur ses activités. Les autres doivent deviner si elles sont vraies ou fausses.

Étudier
• l'anglais
• l'espagnol
• le chinois
• l'arabe
• ...

Aimer (beaucoup...)
• danser
• chanter
• sortir le soir
• faire du théâtre
• le jazz / le hip-hop / la pop française
• le cinéma américain / français
• ...

Jouer
• au football / au tennis
• aux échecs / aux cartes
• de la guitare / de la trompette
• du piano / du saxo
• de l'accordéon
• ...

Faire des études de
• mathématiques
• géographie
• sociologie
• ...

● Moi, j'étudie le chinois.
○ Mmmh, oui, je crois que c'est vrai.
■ Non, je crois que c'est faux.

B. Communiquez au reste de la classe une information intéressante ou nouvelle sur vos camarades de groupe.

● Olga fait des études de sciences politiques et étudie le chinois.

vos stratégies

Lorsque vous apprenez du vocabulaire, il ne suffit pas de faire attention aux mots isolés ; il faut aussi repérer les articles, les expressions...

VOUVOYER OU TUTOYER

La forme d'adresse **vous** marque la distance ou le respect. **Tu** exprimes une relation de familiarité et de confiance et s'utilise de plus en plus dans les *chats*, les blogs, etc.

Pour un premier contact, il est recommandé d'utiliser **vous**. Avant de passer du vouvoiement au tutoiement, il est toujours prudent de demander la permission.

FAIRE ET JOUER AU PRÉSENT

FAIRE		JOUER	
je	**fais**	je	**joue**
tu	**fais**	tu	**joues**
il / elle / on	**fait**	il / elle / on	**joue**
nous	**faisons**	nous	**jouons**
vous	**faites**	vous	**jouez**
ils / elles	**font**	ils / elles	**jouent**

À ET DE + ARTICLE DÉFINI

	le	les	la	l'
à	**au**	**aux**	**à la**	**à l'**
de	**du**	**des**	**de la**	**de l'**

EXPRIMER DIFFÉRENTS DEGRÉS DANS LE GOÛT

J'adore la musique classique.
Il aime beaucoup la gymnastique.
Nous aimons bien le cinéma français.
Tu n'aimes pas trop le foot, n'est-ce pas ?
Ils n'aiment pas du tout voyager.
Je déteste la télé !

9. ENTRETIEN AVEC...

A. Répondez sur une feuille aux deux questionnaires proposés par cette revue.

TELLE EST LA QUESTION

Le questionnaire de Marcel Proust (qui date du XIXᵉ siècle) et celui du journaliste Bernard Pivot (qu'il a créé à la fin du XXᵉ siècle) permettent de connaître la personnalité et les goûts de quelqu'un.
Voici une sélection des questions.

QUESTIONNAIRE DE MARCEL PROUST

- Le principal trait de mon caractère.
- Mon principal défaut.
- Mon occupation préférée.
- La couleur que je préfère.
- Mes héros dans la fiction.
- Mes héroïnes favorites dans la fiction.
- Mes peintres favoris.
- Mes héros dans la vie réelle.
- Mes noms favoris.

QUESTIONNAIRE DE BERNARD PIVOT

- Votre mot préféré.
- Le mot que vous détestez.
- Le son, le bruit que vous détestez.
- Votre juron ou gros mot.
- Homme ou femme pour illustrer un nouveau billet de banque.

B. Échangez vos questionnaires avec un camarade. Commentez vos réponses.

● Alors, votre mot préféré est « cacahouète » ? Pourquoi ?
○ Je ne sais pas... c'est juste un mot sympa que j'aime bien.

C. Maintenant, vous allez interroger votre camarade pour ensuite publier son interview. Suivez ce plan.

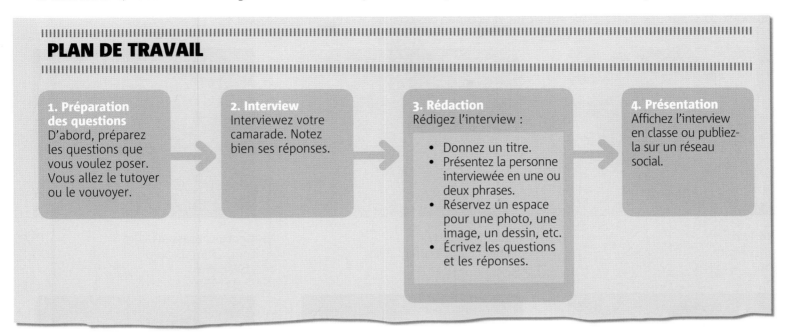

PLAN DE TRAVAIL

1. Préparation des questions
D'abord, préparez les questions que vous voulez poser. Vous allez le tutoyer ou le vouvoyer.

2. Interview
Interviewez votre camarade. Notez bien ses réponses.

3. Rédaction
Rédigez l'interview :

- Donnez un titre.
- Présentez la personne interviewée en une ou deux phrases.
- Réservez un espace pour une photo, une image, un dessin, etc.
- Écrivez les questions et les réponses.

4. Présentation
Affichez l'interview en classe ou publiez-la sur un réseau social.

D. Lisez les interviews. Quelles informations sur vos camarades vous semblent surprenantes ?

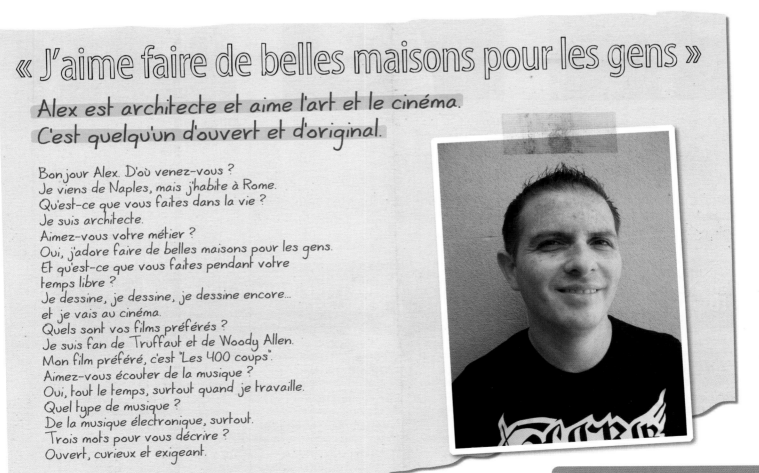

« J'aime faire de belles maisons pour les gens »

Alex est architecte et aime l'art et le cinéma.
C'est quelqu'un d'ouvert et d'original.

Bonjour Alex. D'où venez-vous ?
Je viens de Naples, mais j'habite à Rome.
Qu'est-ce que vous faites dans la vie ?
Je suis architecte.
Aimez-vous votre métier ?
Oui, j'adore faire de belles maisons pour les gens.
Et qu'est-ce que vous faites pendant votre temps libre ?
Je dessine, je dessine, je dessine encore... et je vais au cinéma.
Quels sont vos films préférés ?
Je suis fan de Truffaut et de Woody Allen. Mon film préféré, c'est "Les 400 coups".
Aimez-vous écouter de la musique ?
Oui, tout le temps, surtout quand je travaille.
Quel type de musique ?
De la musique électronique, surtout.
Trois mots pour vous décrire ?
Ouvert, curieux et exigeant.

Découvrez les activités 2.0
sur rond-point.emdl.fr

10. LA CHANSON FRANÇAISE

A. Rendez-vous sur une plateforme musicale et écoutez ces chansons. Les connaissez-vous ?

Édith Piaf
La vie en rose
(1946)

Françoise Hardy
Tous les garçons et les filles
(1962)

Georges Brassens
Les copains d'abord
(1964)

Francis Cabrel
Je l'aime à mourir
(1979)

Renaud
Mistral gagnant
(1985)

Olivia Ruiz
Les crêpes aux champignons
(2009)

B. Voici une liste des plus belles chansons francophones. Connaissez-vous quelques-uns des noms de la liste ? Lesquels ?

En 2002, un groupe de compositeurs de musique francophones a élu les 10 plus belles chansons en français du XXᵉ siècle.

1. **Avec le temps**	Léo Ferré	6. **La Mer**	Charles Trenet
2. **Ne me quitte pas**	Jacques Brel	7. **La Bohème**	Charles Aznavour
3. **La Javanaise**	Serge Gainsbourg	8. **Et maintenant**	Gilbert Bécaud
4. **Les Feuilles mortes**	Yves Montand	9. **Comme d'habitude**	Claude François
5. **L'Hymne à l'amour**	Édith Piaf	10. **Belle-Île-en-Mer**	Laurent Voulzy

C. Lisez le début des deux premières chansons de la liste précédente. Choisissez un adjectif pour chacune.

Avec le temps...

Avec le temps, va, tout s'en va

On oublie le visage et l'on oublie la voix

Le cœur, quand ça bat plus, c'est pas la peine d'aller

Chercher plus loin, faut laisser faire et c'est très bien

Léo Ferré

Ne me quitte pas
Il faut oublier
Tout peut s'oublier
Qui s'enfuit déjà
Oublier le temps
Des malentendus
Et le temps perdu
À savoir comment
Oublier ces heures
Qui tuaient parfois
À coups de pourquoi
Le cœur du bonheur

Jacques Brel

D. Voici quatre aspects de la culture musicale française. Existe-t-il des équivalents dans votre pays ? Qu'en pensez-vous ?

LE SAVEZ-VOUS ?

Les Victoires de la musique

Créés en 1985, les Victoires sont l'équivalent des Grammys pour la musique française. Plus de 1200 professionnels (musiciens, chanteurs, auteurs, producteurs, etc.) votent pour élire les meilleurs interprètes, groupes, albums, etc. Les prix sont décernés lors d'une cérémonie télévisée annuelle.

La Fête de la musique

Mise en place en 1982 par Jack Lang, cette fête a lieu chaque année le 21 juin. Aujourd'hui, elle existe dans 110 pays sur les cinq continents, dans plus de 340 villes du monde, mais c'est en France que la Fête de la musique connaît le plus grand succès populaire : selon l'INSEE, depuis sa création 10 % des Français y ont participé en tant que musiciens ou chanteurs et 75 % en tant que spectateurs.

Le Hall

Il existe en France un organisme chargé de protéger le patrimoine musical français et de développer la recherche et l'éducation autour de la chanson : le Hall de la Chanson, Centre National du Patrimoine de la Chanson, des Variétés et des Musiques actuelles.

Le quotas de chansons francophones à la radio

La loi française oblige les radios à réserver aux chansons francophones des quotas très importants : entre 35 et 60 % du temps consacré à la chanson doit être réservé aux chansons en français.

5 DESTINATION VACANCES

Bordeaux

- sa gastronomie
- ses vins
- son Grand-Théâtre

Chamonix

- ses pistes de ski
- son air pur
- ses montagnes

Paris

- ses musées
- sa vie nocturne
- ses boutiques chic

Carcassonne

- sa cité médiévale
- le Canal du Midi

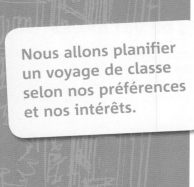

> Nous allons planifier un voyage de classe selon nos préférences et nos intérêts.

1. VACANCES EN FRANCE

Regardez les photos des villes françaises qui apparaissent sur la carte de France. Qu'est-ce qu'on peut faire dans ces villes ?

aller à la plage

bien manger

faire de la randonnée

faire du shopping

faire du ski

sortir la nuit

visiter des musées

voir des monuments historiques

faire du VTT

- À Chamonix, on peut faire du ski.
- Et, à Nice, on peut aller à la plage.

2. MOI, J'AIME BEAUCOUP...

Piste 21

A. Estelle, Luc et Sylvain parlent de leurs activités préférées. Écoutez et notez ce que chacun aime faire.

Estelle aime...
Luc aime...
Sylvain aime...

B. Et vous, quelles sont vos activités préférées en vacances ? Parlez-en avec deux camarades.

- Moi, j'aime beaucoup sortir la nuit, bien manger et faire du shopping.
- Moi, j'aime beaucoup...

Nice
- son climat ensoleillé
- ses plages

3. UN SONDAGE

A. Le magazine *Évasion* a publié ce sondage pour connaître vos habitudes en matière de vacances. Répondez-y.

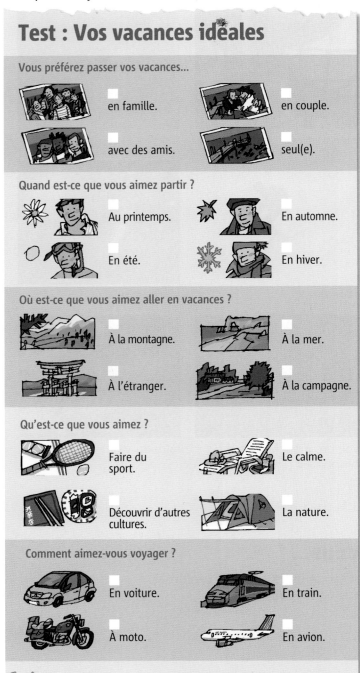

Test : Vos vacances idéales

Vous préférez passer vos vacances...

☐ en famille.
☐ en couple.
☐ avec des amis.
☐ seul(e).

Quand est-ce que vous aimez partir ?

☐ Au printemps.
☐ En automne.
☐ En été.
☐ En hiver.

Où est-ce que vous aimez aller en vacances ?

☐ À la montagne.
☐ À la mer.
☐ À l'étranger.
☐ À la campagne.

Qu'est-ce que vous aimez ?

☐ Faire du sport.
☐ Le calme.
☐ Découvrir d'autres cultures.
☐ La nature.

Comment aimez-vous voyager ?

☐ En voiture.
☐ En train.
☐ À moto.
☐ En avion.

B. En petits groupes, échangez des idées.

● Moi, en été, j'aime aller à la plage avec des amis. Et toi ? Qu'est-ce que tu aimes faire ?
○ Moi, j'aime bien faire des randonnées.
■ Ah, alors tu peux aller dans le Massif central cet été, il y a de supers balades à faire.

4. TROIS FORMULES DE VACANCES

A. Regardez les photos de vacances de Sarah, Julien et Richard. À votre avis, qui aime...

connaître des pays étrangers ?
....

les vacances en famille ?
....

les vacances tranquilles au bord de la mer ?
....

Sarah

Julien

Richard

B. Maintenant, écoutez Sarah, Julien et Richard qui parlent de leurs vacances. Qu'apprenez-vous de nouveau ? Notez les informations.

Piste 22

	Sarah	Julien	Richard
Saison			
Pays			
Activités			
Moyen de transport			

5. CHERCHE COMPAGNON DE VOYAGE

A. Voici trois annonces qui proposent des voyages très différents. Lequel préférez-vous ?

Je préfère...
- aller en Afrique.
- aller à Roquebrune.
- aller au Québec.
- aller ailleurs : ....

LE SOLEIL, LA MER ET LE CALME

Offre exceptionnelle

Appartement avec piscine, très bon marché à Roquebrune-Cap-Martin, sur la Côte d'Azur. Pour 5 personnes, en basse saison (avril, mai, juin ou octobre, novembre, décembre).

1200 € la semaine

Voyages Solexact. Tél. : 04 94 55 33 54

4 jours en motoneige au

QUÉBEC

Y aller : avec Air Canada. Idéal en janvier, février et mars.

Randonnée en motoneige : 235 dollars canadiens par jour pour 1 personne, 275 dollars pour 2. Forfaits sur plusieurs jours. Motosports à la Malbaie. Tél. : 00 418 665 9 927.

Dormir : au Fairmont Manoir Richelieu. 225 dollars la chambre (avec motoneige, à partir de 385 dollars).

B. Maintenant, par groupes, parlez de vos préférences et de votre choix.

- ● Moi, je préfère aller à Roquebrune, parce que j'aime la plage et le calme.
- ○ Moi aussi.
- ■ Eh bien, moi, je préfère aller en Afrique parce que j'adore l'aventure et que j'aime découvrir d'autres cultures.

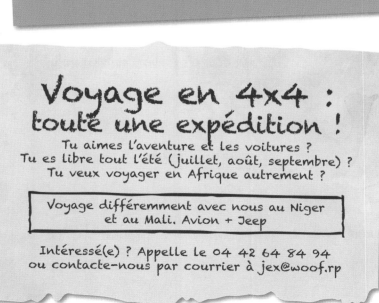

Voyage en 4x4 : toute une expédition !

Tu aimes l'aventure et les voitures ?
Tu es libre tout l'été (juillet, août, septembre) ?
Tu veux voyager en Afrique autrement ?

Voyage différemment avec nous au Niger
et au Mali. Avion + Jeep

Intéressé(e) ? Appelle le 04 42 64 84 94
ou contacte-nous par courrier à jex@woof.rp

C. Martine appelle l'office de tourisme de Roquebrune pour se renseigner sur le temps qu'il fait. Écoutez. Piste 23 Quel temps fait-il ?

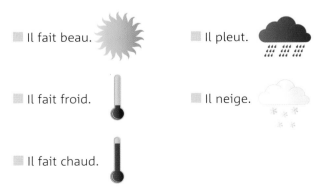

- Il fait beau.
- Il pleut.
- Il fait froid.
- Il neige.
- Il fait chaud.

6. À LA DÉCOUVERTE DE...

A. Lisez ces renseignements sur Oroques, une ville imaginaire, et regardez le plan du centre ville. Que pouvez-vous situer sur ce plan ? Travaillez avec un camarade.

- ● Ça, c'est sûrement l'office de tourisme.
- ○ Oui, je crois.
- ● Et ça c'est...

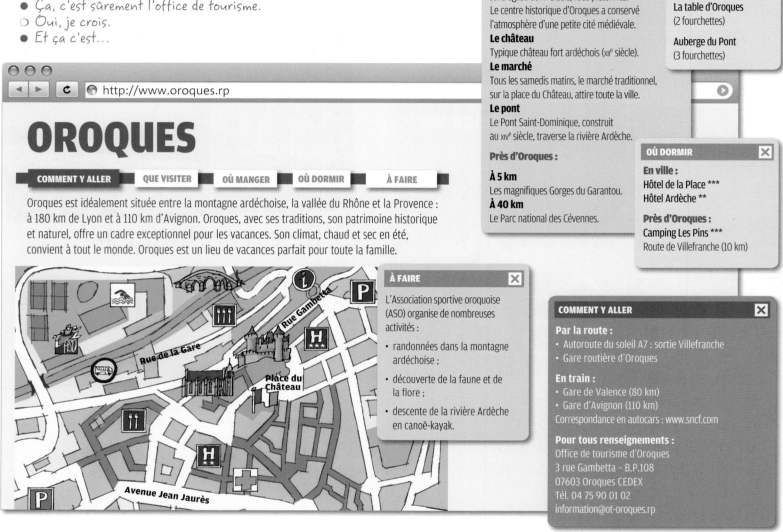

QUE VISITER

En ville :

Le centre historique
Jolie église du XIᵉ siècle, rues piétonnes.
Le centre historique d'Oroques a conservé l'atmosphère d'une petite cité médiévale.

Le château
Typique château fort ardéchois (XIIᵉ siècle).

Le marché
Tous les samedis matins, le marché traditionnel, sur la place du Château, attire toute la ville.

Le pont
Le Pont Saint-Dominique, construit au XIVᵉ siècle, traverse la rivière Ardèche.

Près d'Oroques :

À 5 km
Les magnifiques Gorges du Garantou.

À 40 km
Le Parc national des Cévennes.

OÙ MANGER

Restaurants :
La table d'Oroques
(2 fourchettes)

Auberge du Pont
(3 fourchettes)

OÙ DORMIR

En ville :
Hôtel de la Place ***
Hôtel Ardèche **

Près d'Oroques :
Camping Les Pins ***
Route de Villefranche (10 km)

À FAIRE

L'Association sportive oroquoise (ASO) organise de nombreuses activités :

- randonnées dans la montagne ardéchoise ;
- découverte de la faune et de la flore ;
- descente de la rivière Ardèche en canoë-kayak.

COMMENT Y ALLER

Par la route :
- Autoroute du soleil A7 : sortie Villefranche
- Gare routière d'Oroques

En train :
- Gare de Valence (80 km)
- Gare d'Avignon (110 km)
Correspondance en autocars : www.sncf.com

Pour tous renseignements :
Office de tourisme d'Oroques
3 rue Gambetta – B.P.108
07603 Oroques CEDEX
Tél. 04 75 90 01 02
information@ot-oroques.rp

OROQUES

http://www.oroques.rp

| COMMENT Y ALLER | QUE VISITER | OÙ MANGER | OÙ DORMIR | À FAIRE |

Oroques est idéalement située entre la montagne ardéchoise, la vallée du Rhône et la Provence : à 180 km de Lyon et à 110 km d'Avignon. Oroques, avec ses traditions, son patrimoine historique et naturel, offre un cadre exceptionnel pour les vacances. Son climat, chaud et sec en été, convient à tout le monde. Oroques est un lieu de vacances parfait pour toute la famille.

LE PRONOM ON (1)

On permet de ne pas préciser qui fait l'action.

- ○ Au Québec, **on** parle français.

- ● Qu'est-ce qu'**on** peut faire à Oroques ?
- ○ Beaucoup d'activités sportives. En plus, dans cette région, **on** mange très bien.

LES MOIS DE L'ANNÉE

janvier	février	mars
avril	mai	juin
juillet	août	septembre
octobre	novembre	décembre

VOULOIR AU PRÉSENT

	VOULOIR
je	**veux**
tu	**veux**
il / elle / on	**veut**
nous	**voulons**
vous	**voulez**
ils / elles	**veulent**

EXPRIMER L'INTENTION : VOULOIR + INFINITIF

- ● Cet été, je veux **aller** en France. Tu veux **venir** avec moi ?
- ○ Oui, génial !

PARLER DE SES ACTIVITÉS ET DE SES LOISIRS

- ● Qu'est-ce que tu **fais** en vacances ?
- ○ Du sport, beaucoup de sport : de la natation, du VTT, des randonnées...

SITUER DANS L'ESPACE

- ● **Où est** la pharmacie ?
- ○ **Près de** l'avenue Jean Jaurès.

L'hôtel de ville est... **sur** la place de la Paix.
dans la rue du Chemin vert.
dans l'avenue.
près d'ici.
à côté de la poste.

B. Par groupes, faites 10 phrases à partir du texte et du plan avec les structures suivantes. La première équipe qui écrit 10 phrases correctes gagne.

À Oroques, il y a une église et ....

Près d'Oroques, il y a .... et ....

.... est sur ....

.... est dans ....

.... est près du/de la/de l'/des ....

.... est à .... km de/d' ....

À Oroques, on peut ....

Près d'Oroques, on peut ....

Piste 24

C. Écoutez ces personnes qui demandent leur chemin et situez les lieux qu'elles cherchent.

	Lieu	Indice
1		sur la place du Château
2	La poste	
3		
4		

7. CLUBS DE VACANCES

Les clubs de vacances sont très populaires en France. De ces deux clubs, lequel préférez-vous ? Pourquoi ? Parlez-en en groupes.

CLUB BIEN-ÊTRE

CLUB PAPAYE

- un bar
- une laverie automatique
- un minigolf
- un court de tennis
- une garderie
- une piscine
- un distributeur automatique
- un sauna
- une plage
- une pharmacie
- un salon de coiffure
- une discothèque
- un restaurant
- une salle de sports

● Moi, je préfère le club Bien-être parce qu'il y a une salle de sports et j'aime faire de la musculation tous les jours. Et vous ?

IL Y A / IL N'Y A PAS

	SINGULIER	PLURIEL
Il y a	**une** pharmacie. **un** hôtel.	**des** magasins. **deux** restaurants. **plusieurs** hôtels.
Il n'y a pas	**de** pharmacie. **d'**hôtel. **de** magasins.	

● *Pardon Monsieur, est-ce qu'**il y a** une pharmacie près d'ici ?*
○ *Oui, sur la place de l'Église.*

ALLER AU PRÉSENT

	ALLER
je	**vais**
tu	**vas**
il / elle / on	**va**
nous	**allons**
vous	**allez**
ils / elles	**vont**

À / EN + NOMS DE LIEU

À + ville
*Je vais souvent **à** Marseille.*

Au + pays masculin qui commence par une consonne.
*Pierre va **au** Portugal tous les ans.*

Aux + pays au pluriel
*Pauline veut travailler **aux** États Unis.*

En + pays féminin ou pays masculin qui commence par une voyelle.
*Tu vas souvent **en** France ?*
*Il habite **en** Équateur ?*

8. VACANCES EN GROUPE

A. Vous allez organiser un voyage en groupe. D'abord, indiquez vos préférences dans le tableau. Vous pouvez en ajouter d'autres. Parlez-en entre vous.

Hébergement	Lieu	Intérêts
☐ l'hôtel	☐ la plage	☐ la nature
☐ le camping	☐ la montagne	☐ les sports
☐ la location meublée	☐ la campagne	☐ les musées et la culture
☐ l'auberge de jeunesse	☐ la ville	☐ la vie nocturne
☐ le gîte rural		

B. Exprimez vos préférences et écoutez bien ce que chacun dit. Notez le nom des personnes qui ont les mêmes préférences que vous.

- *Moi, j'aime la nature et le sport. Alors, je préfère des vacances à la campagne. J'adore faire du camping.*

C. Formez des équipes en fonction des préférences, puis choisissez ensemble une destination. Voici quatre destinations possibles ; vous pouvez, si vous préférez, en chercher d'autres sur Internet.

Faites de l'accrobranche dans les Pyrénées !

À côté de la Réserve nationale d'Orlu, nous vous proposons des parcours-aventure d'un arbre à l'autre.

Pour les amateurs de sensations fortes ! Vous pouvez aussi vous détendre à la terrasse de notre chalet.

SITUATION
À 1h30 de Toulouse

HÉBERGEMENT
Camping municipal d'Orlu ★★★
Tél. : 05 68 44 93 72
Pour les adresses d'auberges et de refuges, consultez notre site.

ACTIVITÉS COMPLÉMENTAIRES
- Canyoning sur la rivière Oriège
- Visite de l'Observatoire de la montagne aux Forges d'Orlu
- Visite de la Maison des loups aux Forges d'Orlu
- Visite du haras des Bésines à Orgeix

GROSPIERRES

Grospierres est un village médiéval transformé en village de vacances. Ici, tout est pensé pour votre bien-être !
Vous faites du sport ? Vous voulez être au calme ? Vous aimez la nature ? Ici, il y a tout ce que vous cherchez !

Équipements : Restaurant gastronomique, court de tennis, piscine, hôtel trois étoiles, camping, gîtes ruraux, locations meublées.

À proximité : Le festival de jazz des Vans, le festival de musique classique de Labeaume et la fête du vin à Ruoms en août. Les grottes de la Basse Ardèche (la grotte Chauvet). Des activités de plein air dans les gorges de l'Ardèche : canoë-kayak, spéléologie…

BRUXELLES

De très nombreux hôtels, des chambres d'hôtes et des logements d'écotourisme pour vivre la magie de la capitale européenne.

Les attractions incontournables
- L' Atomium.
- Le Parlement européen.
- Le musée Magritte.

Les activités pour toute la famille
- Le musée des Sciences naturelles.
- Le Centre belge de la Bande dessinée.
- L' Aquarium public de Bruxelles.
- Le Planétarium.

Le monde des saveurs
- Le musée Schaerbeekois de la Bière.
- Le musée du Cacao et du Chocolat.
- La Maison des Maîtres Chocolatiers Belges.

La vie nocturne
- Les terrasses de la place Saint-Géry et le quartier Saint-Jacques.
- Saint-Boniface : le quartier des restaurants.
- Ixelles : le quartier universitaire et ses cafés ouverts tard.
- Haut-de-ville : les salles de cinéma, les cafés chic et les boîtes de nuit.

Découvrez l'île de la Réunion !

Aux portes du Sud Sauvage, l'hôtel **Les Palmes** constitue un point de départ idéal pour les plus belles randonnées de la région.

ADRESSE DE L'HÔTEL :
10 allée des Lataniers
GRANDS BOIS
97410 ST-PIERRE
Pour réserver :
Tél. 0267 31 14 60

SITUATION :
Situé à 10 minutes de la plage, l'hôtel **Les Palmes** se trouve à environ 2 heures de l'aéroport Roland Garros de Saint-Denis.

HÉBERGEMENT :
30 chambres climatisées réparties autour de la piscine, dans un jardin exotique.
20 bungalows tout confort, aménagés pour 4 à 6 personnes. Accès direct à une plage privée.

RESTAURATION :
Restaurant, crêperie, bar-pizzeria.

AUTRES SERVICES :
Discothèque, grande piscine extérieure, centre de fitness, sauna, salon de coiffure, minigolf.

D. Mettez-vous ensuite d'accord sur les dates, le type d'hébergement et les activités de vos vacances et prenez des notes.

NOTRE VOYAGE

➡ OÙ : Notre projet est d'aller ....

➡ QUAND : Nous voulons partir ....

➡ LOGEMENT : Nous préférons ....

➡ INTÉRÊTS : Nous voulons ....

➡ ACTIVITÉS : Nous préférons ....

E. Exposez le projet de vacances de votre groupe au reste de la classe.

 Découvrez les activités 2.0 sur rond-point.emdl.fr

Étretat

À 300 km de Paris, Étretat est un ancien village de pêcheurs et une célèbre station balnéaire. Il se trouve au nord du Havre en Normandie et est très connu pour ses falaises blanches et ses belles plages.

Ce site naturel attire chaque année des milliers de touristes qui désirent connaître ce paysage fascinant : l'Arche et l'Aiguille (haute de 70 m), la Manneporte, la falaise d'Amont, la plage et le chemin des falaises. Des peintres comme Gustave Courbet, Eugène Delacroix, Eugène Boudin et Claude Monet ont peint ce paysage et des écrivains comme Guy de Maupassant, Georges Simenon ou Maurice Blanc ont parlé de ces lieux dans leurs ouvrages.

Étretat, c'est un site touristique et naturel plein d'attraits mais c'est aussi une intense vie culturelle avec des concerts et des salons tout au long de l'année.

Étretat (Gustave Courbet)

« Je vis sur les falaises, j'adore positivement ces falaises d'Étretat. Je n'en connais pas de plus belles et de plus saines. Je veux dire saines pour l'esprit. »

L'Homme de Mars (Guy de Maupassant)

« Si j'avais à montrer la mer à un ami pour la première fois, c'est Étretat que je choisirais. »

Alphonse Karr

9. PAYSAGES FASCINANTS

A. Observez ces deux images d'Étretat et lisez les textes. Que vous évoquent-ils ? Quels adjectifs pouvez-vous attribuer à ce paysage ? Aimeriez-vous visiter Étretat ?

B. Étretat est classé dans le programme des Opérations Grands Sites créé par le gouvernement français. Dans le document ci-dessous, vous trouverez d'autres sites inclus dans ce programme. Les connaissez-vous ?

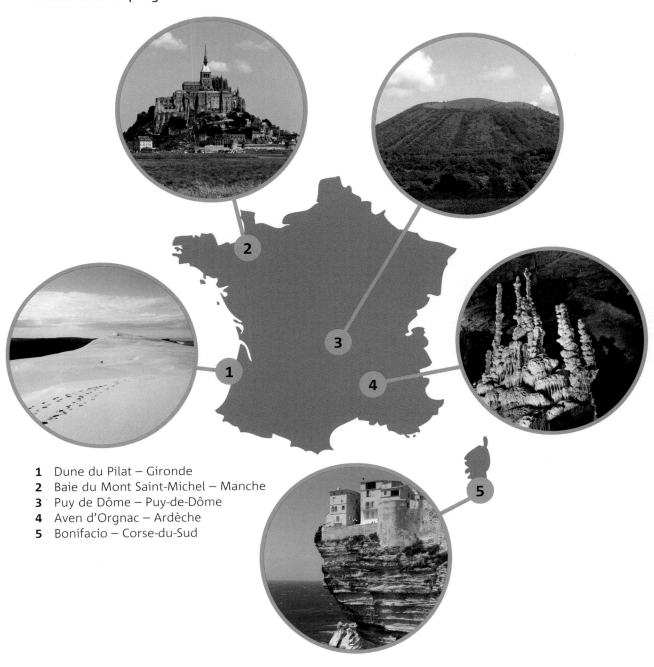

1 Dune du Pilat – Gironde
2 Baie du Mont Saint-Michel – Manche
3 Puy de Dôme – Puy-de-Dôme
4 Aven d'Orgnac – Ardèche
5 Bonifacio – Corse-du-Sud

C. Par groupes, choisissez un des sites ci-dessus ou un autre de votre pays et écrivez une petite présentation pour le reste de la classe : parlez de sa situation géographique, de ses attraits, de son importance culturelle ou historique, etc.

6 SOIRÉE À THÈME

Nous allons choisir un thème pour une soirée et organiser les préparatifs.

1. LE QUARTIER SAINT-QUENTIN

A. Qu'est-ce qu'on vend dans ces magasins ?

à la fromagerie

dans la boutique de vêtements

à l'épicerie

au supermarché

à la librairie

à la boulangerie

chez le fleuriste

à la parfumerie

à la pharmacie

chez le traiteur

● À l'épicerie, on vend des fruits et des légumes.
○ Oui... Et qu'est-ce qu'on vend chez le traiteur ?

B. Selon vous, quels magasins manquent-ils dans le quartier ?

● Je crois qu'il manque une pâtisserie...
○ Peut-être, mais il y a une boulangerie...

2. COLIN FAIT LES COURSES

A. Dans chacun de ces dialogues, il manque une phrase. Laquelle ?

- C'est combien, cette veste ?
- Est-ce que vous acceptez les chèques ?
- Vous vendez des cartes d'anniversaire ?
- Et ces chaussures, ça va ?
- Pardon, le rayon des vestes, s'il vous plaît ?

B. Écoutez et vérifiez.

Piste 25

C. Maintenant, dites dans quelle conversation :

	CONVERSATION Nº...
Colin cherche un cadeau pour sa femme.	
Colin demande le prix.	
Colin essaie des chaussures.	
Colin va payer.	
on indique à Colin un autre magasin.	

3. SOIRÉE D'ANNIVERSAIRE

A. Demain, c'est l'anniversaire de Sophie, la petite amie de Philippe, et il va lui préparer une soirée en tête-à-tête. Lisez la liste ci-dessous et dites dans quels magasins il va faire ses courses.

- du fromage (camembert)
- une bouteille de champagne
- une salade
- une carte d'anniversaire
- de l'eau gazeuse
- un cadeau : un parfum ? un livre ?
- du saumon
- un gâteau d'anniversaire
- des huîtres
- des fleurs
- des bougies
- du pain

- ▶ à la fromagerie
- ▶ au supermarché
- ▶ à l'épicerie
- ▶ à la boulangerie
- ▶ à la librairie
- ▶ à la parfumerie
- ▶ chez le fleuriste
- ▶ chez le traiteur
- ▶ à la papeterie
- ▶ à la pharmacie
- ▶ à la pâtisserie
- ▶ à la boutique de vêtements

● Philippe va acheter du fromage à la fromagerie.

B. Vous accompagnez Philippe pour faire ses courses. Regardez le plan du quartier Saint-Quentin, pages 58-59, et, à deux, préparez votre itinéraire.

D'abord, on va aller à la boulangerie pour acheter du pain. Après, on va... Puis... Ensuite... Enfin...

C. Imaginez que vous voulez préparer une soirée en tête-à-tête pour quelqu'un. Faites votre liste de courses et comparez-la à celle de Philippe.

4. C'EST TRÈS CHER !

Voici quelques tickets de caisse et quelques prix de produits et services en France. Pour vous, qu'est-ce qui est cher ou bon marché ?

- ● Le jus de fruits est très cher.
- ○ Oui, très cher !
- ● Par contre, le journal est bon marché.
- ○ Oui, ici ça coûte plus cher.

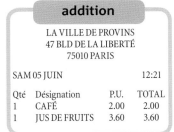

5. L'EMPLOI DU TEMPS

Piste 26

A. Regardez les emplois du temps de Julien et de Fabien. Puis écoutez les messages laissés sur leurs boîtes vocales. À qui s'adressent-ils ?

Julien

Septembre — Semaine **36**

LUNDI 6
9h00 Entretien d'embauche

MARDI 7
21h00 Anniversaire de Luc

MERCREDI 8
18h00 Cours de samba

JEUDI 9
19h00 Cinéma avec Carine

VENDREDI 10
21h30 Dîner chez Martine

SAMEDI 11
10h00 Foot
22h00 Soirée chez Quentin

DIMANCHE 12
7h00 Randonnée forêt d'Iraty

Fabien

Agenda de Fabien

SEPTEMBRE

LUNDI 6
11h00 Entretien d'embauche

MARDI 7
21h00 Anniversaire de Jacques

MERCREDI 8
18h00 Cours de salsa

JEUDI 9
19h00 Cinéma avec Corinne

VENDREDI 10
22h30 Dîner chez Pauline

SAMEDI 11
7h00 Randonnée forêt d'Iraty
22h00 Soirée chez Alain

DIMANCHE 12
10h00 Foot

1. ....
2. ....
3. ....
4. ....
5. ....
6. ....

B. Et vous, qu'allez-vous faire la semaine prochaine ?

● Moi, je vais suivre un cours de...

DEMANDER ET DONNER UN PRIX

● **Combien** coûte cette veste ?
○ Deux cents euros.

● C'est **combien** ?
○ Vingt-quatre francs suisses.

● **Quel est le prix** de ces mocassins ?
○ Cent quatre-vingt-dix euros.

L'OBLIGATION : IL FAUT

● Pour la fête, **il faut acheter** des boissons ?
○ Oui, mais **il ne faut pas acheter** d'eau.
● Par contre, **il faut du** pain.

ARTICLES PARTITIFS ET INDÉFINIS

AFFIRMATIF	NÉGATIF
J'achète **du** pain.	Je n'achète pas **de** pain.
Nous achetons **de l'**huile.	Nous n'achetons pas **d'**huile.
Tu as **de la** confiture ?	Tu n'as pas **de** confiture ?
Il faut acheter **des** boissons fraîches.	Il ne faut pas acheter **de** boissons fraîches.
J'ai **un** sac marron.	Je n'ai pas **de** sac marron.
Nous avons **une** invitation pour la fête.	Nous n'avons pas **d'**invitation pour la fête.
Il a **des** déguisements.	Il n'a pas **de** déguisements.

6. DANS TON SAC

A. Observez la photo de cette jeune fille et imaginez ce qu'elle a dans son sac à main.

B. En groupes, posez des questions pour deviner ce que chacun a dans son sac.

- ● Est-ce que tu as un stylo ?
- ○ Non, je n'ai pas de stylo.

7. LE JUSTE PRIX

A. En groupes, cherchez cinq photos de produits et leur prix.

B. Ensuite, chaque groupe montre aux autres la photo d'un des produits choisis et en fait deviner le prix.

- ● Combien coûte ce téléphone portable ?

C. Puis, c'est au tour du groupe qui a trouvé le prix de montrer la photo d'un de ses produits.

8. INVITATION

A. Lisez cette invitation que vous venez de recevoir.

B. Décidez si vous souhaitez assister à cette soirée et écrivez un courriel de réponse.

ADJECTIFS DÉMONSTRATIFS

	MASCULIN	FÉMININ
SINGULIER	**ce** pull	**cette** veste
cet anorak		
PLURIEL	**ces** chaussures	

LE PRONOM **ON** (2)

On remplace **nous** en langage familier.

*Qu'est-ce qu'**on achète** pour la soirée ?*

= *Qu'est-ce que **nous achetons** pour la soirée ?*

DEMANDER ET DONNER L'HEURE

- ● *Quelle heure est-il ?*
- ○ *Il est sept heures dix.* → *7h10*

● **À quelle heure** *commence ton cours ?*

	huit heures.	*8h*
	huit heures cinq.	*8h05*
	huit heures et quart.	*8h15*
À	*huit heures vingt-cinq.*	*8h25*
	huit heures et demie.	*8h30*
	huit heures trente-cinq.	*8h35*
	neuf heures moins vingt.	*8h40*
	neuf heures moins le quart.	*8h45*
	neuf heures moins cinq.	*8h55*

LES JOURS DE LA SEMAINE

lundi mardi mercredi jeudi
vendredi samedi dimanche

- ● *Quel jour tu peux venir chez moi ?*
- ○ ***Vendredi** ou **samedi** prochain.*

ALLER + INFINITIF

*Je **vais acheter** un cadeau pour Mylène.*
*Tu **vas mettre** cette jupe ?*
*Il / Elle / On **va organiser** une soirée à thème.*
*Nous **allons apporter** des chaises.*
*Vous **allez venir** ce soir ?*
*Ils / Elles **vont faire** un gâteau.*

9. SOIRÉE À THÈME

A. Vous avez atteint le niveau A1 de français. Pour fêter ça, vous allez organiser une soirée. Proposez différents thèmes de soirées.

▶ Soirée DVD
▶ Soirée déguisée
▶ Soirée jeux de société

▶ Soirée karaoké
▶ Soirée ....
▶ Soirée ....

▶ Soirée ....
▶ Soirée ....
▶ Soirée ....

B. Choisissez la soirée qui vous plaît le plus. Faites la liste des différents « ingrédients » qu'il faut pour cette soirée, comme dans l'exemple.

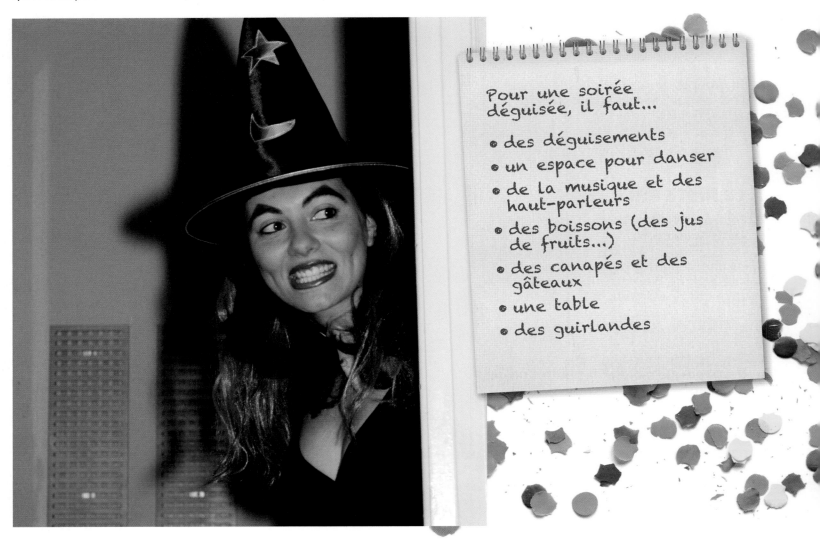

Pour une soirée déguisée, il faut...

- des déguisements
- un espace pour danser
- de la musique et des haut-parleurs
- des boissons (des jus de fruits...)
- des canapés et des gâteaux
- une table
- des guirlandes

C. En groupes, chacun présente sa proposition de soirée. L'ensemble du groupe choisit une des propositions et la présente au reste de la classe.

● Nous, on propose une soirée déguisée. On pense qu'on a tout ce qu'il faut.
○ Et, en plus, c'est facile à organiser.

D. Tous les élèves de la classe votent pour le meilleur projet de soirée.

10. LES PRÉPARATIFS

A. En groupes, vous allez organiser les préparatifs de la soirée. Complétez ce panneau et donnez une tâche à chacun.

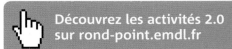
Découvrez les activités 2.0 sur rond-point.emdl.fr

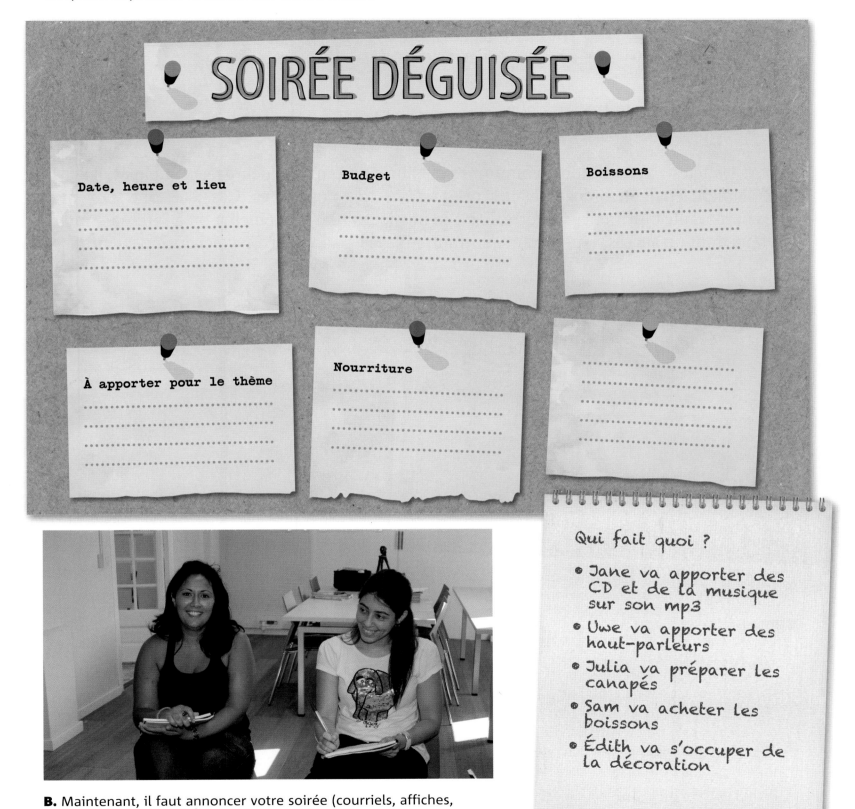

B. Maintenant, il faut annoncer votre soirée (courriels, affiches, cartons d'invitation...). À vous de choisir le meilleur moyen pour réunir le plus de monde possible !

11. ON FAIT LA FÊTE

A. Quelles sont les fêtes les plus populaires dans votre pays ? Quand ont-elles lieu ?

- *Chez nous, on fête... au mois de...*

B. Connaissez-vous des fêtes françaises ? En voici quelques-unes.

Des fêtes très françaises

À part les fêtes plus ou moins communes en Europe, comme Noël, par exemple, il existe actuellement en France de nouvelles célébrations très populaires. Ces fêtes ont souvent une composante culturelle très forte, liée à la musique, à l'art, au cinéma ou à l'architecture. Certaines ont un succès si important que d'autres pays les adoptent. En voici quelques-unes.

Chauds Les Marrons aux Buttes Chaumont de Noël Dolla, dans le cadre de la Nuit Blanche à l'Avenue Michal, Paris, 2009.

L.E.D. : Lighting Experience Dis-play de Balestra Berlin & We Love Art, dans le cadre de la Nuit Blanche quai de l'Hôtel de ville, Paris, 2009.

La Nuit Blanche

Qu'est-ce que c'est ? Depuis 2002, la ville de Paris organise tous les ans la Nuit Blanche, un parcours nocturne consacré à l'art contemporain. La Nuit Blanche propose au public d'entrer gratuitement dans des musées, des institutions culturelles et autres espaces publics ou privés durant toute une nuit. Ces lieux sont utilisés pour des installations ou des performances artistiques. Le but de cette manifestation est de rendre l'art accessible à tous, de mettre en valeur les espaces urbains et de créer un moment de convivialité.

DATE :
le premier samedi d'octobre.

Les Journées du patrimoine

Qu'est-ce que c'est ? Les Journées du patrimoine sont chaque année le grand rendez-vous culturel de la rentrée. Les habitants des villes et villages de France découvrent le patrimoine proche de leur environnement grâce à l'accès gratuit aux musées, aux monuments, à certains lieux normalement fermés au public, etc. Le but de ces journées est de faire connaître tous les aspects du patrimoine : rural, archéologique, militaire, religieux, littéraire, maritime, fluvial, industriel, public, domestique…

DATE : le troisième dimanche de septembre

Château de Versailles

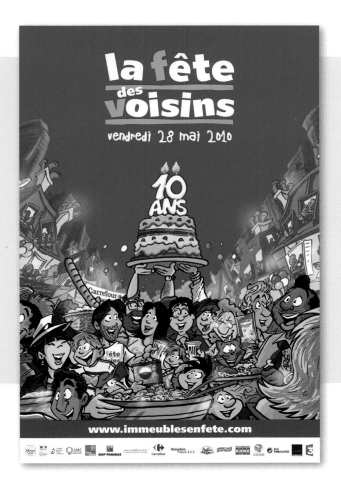

La Fête des voisins

Qu'est-ce que c'est ? La Fête des voisins permet aux voisins de se rencontrer de façon conviviale pour rompre l'isolement qui, selon ses organisateurs, gagne de plus en plus les habitants des villes. L'idée est de créer un sentiment d'appartenance à son quartier, à sa rue ou son immeuble, en passant quelques heures ensemble dans une ambiance de fête.

DATE : entre la dernière semaine de mai et la première semaine de juin.

C. Ces fêtes existent-elles chez vous ? Sont-elles populaires ?

1 POINT DE DÉPART

L'ALPHABET

L'alphabet compte 26 lettres : **a, b, c, d, e, f, g, h, i, j, k, l, m, n, o, p, q, r, s, t, u, v, w, x, y, z**.

Les lettres sont masculines. On dit **le a**, **le b**, etc.

L'alphabet français comporte aussi 32 phonèmes. Plusieurs phonèmes se forment par combinaison de voyelles ou de consonnes. De plus, une même lettre peut avoir plusieurs prononciations en fonction des lettres qui la précèdent ou la suivent.

Les voyelles orales

[a]	Paris [paʀi]
[ɛ]	lait [lɛ] / père [pɛʀ] / même [mɛm]
[e]	étudier [etydje] / les [le] / vous avez [vuzave]
[ə]	le [lə]
[i]	riz [ʀi]
[y]	rue [ʀy]
[ɔ]	robe [ʀɔb]
[o]	mot [mo] / gâteau [gato] / jaune [ʒon]
[u]	bonjour [bɔ̃ʒuʀ]
[ø]	jeudi [ʒødi]
[œ]	sœur [sœʀ] / leur [lœʀ] / jeune [ʒœn]

Les voyelles nasales

[ã]	vacances [vakãs] / vent [vã]
[ɛ̃]	intéressant [ɛ̃teʀesã] / impossible [ɛ̃pɔsibl]
[ɔ̃]	long [lɔ̃]
[œ̃]	lundi [lœ̃di] / un [œ̃]

Les semi-consonnes

[j]	piéton [pjetɔ̃]
[w]	pourquoi [puʀkwa]
[ɥ]	nuit [nɥi]

On les appelle aussi semi-voyelles.

Attention ! On doit faire la liaison entre un mot qui se termine par un **-s** et un autre qui commence par une voyelle. On entend alors le son [z].
ils___ont
les___enfants

ÉPELER

Pour épeler, il faut connaître l'alphabet et le nom des lettres. Il faut aussi connaître les quatre types d'accents du français : accent aigu (´), accent grave (`), accent cinconflexe (^) et tréma (¨).

La lettre **a** peut s'écrire avec deux accents différents :

▶ avec un accent grave pour distinguer deux homophones.
   à / a   là / la

▶ avec un accent circonflexe pour indiquer une prononciation légèrement différente du **a**. Même si cette nuance phonétique est de moins en moins marquée en français standard, cette particularité orthographique a été conservée.
   âge, pâte

La lettre **e** admet tous les accents.
   l'été, le père, la fête, Noël

▶ Le **è** ne peut pas être situé au début du mot.
   la mère

▶ Seul le **é** peut être utilisé plusieurs fois dans un même mot.
   Il m'a téléphoné hier.

▶ Si le **e** est accompagné d'une autre voyelle et qu'on doit le prononcer séparément, on utilise un tréma sur ce **e**.
   Noël [nɔɛl]

Sur la lettre **u**, on peut ajouter un accent circonflexe, un accent grave ou un tréma pour différencier à l'écrit un mot homophone. Ces accents n'ont aucune influence sur la prononciation du son.
   où, sûr

Les lettres **i** et **o** prennent un accent circonflexe pour des raisons également étymologiques ou orthographiques.
   île, tôt

SALUER

Pour saluer, on utilise différentes expressions. Cela dépend des personnes qui se saluent et aussi du moment de la journée :

▶ le matin / le midi / l'après-midi
  ● *Salut / Bonjour. Ça va ?*
  ○ *Ça va. Et toi ? / Et vous ?*

▶ le soir
  ● *Salut / Bonsoir. Ça va ?*

PRENDRE CONGÉ

Pour prendre congé, on utilise différentes expressions :

▶ le matin / le midi / l'après-midi / le soir
  Au revoir !
  À bientôt !
  À plus !

▶ le matin
  Bonne journée !

▶ le midi
  Bon après-midi !

▶ le soir
  Bonne soirée !
  Bonne fin de soirée !

Attention ! On dit seulement juste avant d'aller se coucher :
Bonne nuit !

SE PRÉSENTER

En général, pour se présenter, on emploie **s'appeler** + nom.
  *Bonjour, **je m'appelle** Thierry.*

POSER DES QUESTIONS (1)

En français, il y a différentes façons de poser des questions. On peut utiliser la forme **qu'est-ce que** + phrase.
  ● ***Qu'est-ce que*** *ça veut dire « book » en anglais ?*
  ○ *Ça veut dire « livre ».*

L'INTONATION DE LA PHRASE

Habituellement, dans une phrase déclarative (affirmation ou négation), l'intonation baisse.

*Tu viens de**main**.*   *Tu ne viens pas de**main**.*

Dans une phrase interrogative, l'intonation monte comme l'indique la flèche.

*Tu viens de**main** ?*

LES NOMBRES DE **0** À **19**

0	zéro	**5**	cinq	**10**	dix	**15**	quinze
1	un / une	**6**	six	**11**	onze	**16**	seize
2	deux	**7**	sept	**12**	douze	**17**	dix-sept
3	trois	**8**	huit	**13**	treize	**18**	dix-huit
4	quatre	**9**	neuf	**14**	quatorze	**19**	dix-neuf

▶ Prononciation

Quelques nombres changent de prononciation selon qu'ils sont seuls ou suivis d'un nom qui commence par une consonne ou par une voyelle.

cinq [sɛ̃k] mais *cinq livres* [sɛ̃klivʀ] / *cinq enfants* [sɛ̃kɑ̃fɑ̃]
six [sis] mais *six livres* [silivʀ] / *six enfants* [sizɑ̃fɑ̃]
huit [ɥit] mais *huit livres* [ɥilivʀ] / *huit enfants* [ɥitɑ̃fɑ̃]
dix [dis] mais *dix livres* [dilivʀ] / *dix enfants* [dizɑ̃fɑ̃]

On ne prononce jamais le **-p** de **sept**, par contre on prononce toujours le **-t**.
sept [sɛt] / *sept livres* [sɛtlivʀ] / *sept enfants* [sɛtɑ̃fɑ̃]

On dit *neuf heures* [nœvœʀ] et *neuf ans* [nœvɑ̃]. Dans tous les autres cas, **neuf** se prononce [nœf].
neuf enfants [nœfɑ̃fɑ̃]

▶ Orthographe

Quand on compte, on utilise toujours **un**.
Un, deux, trois, … vingt et un, trente et un…

Mais, pour exprimer une quantité, on accorde avec le genre du nom.
Un livre, deux livres… vingt et un livres…
*Un**e** page, deux pages… vingt et un**e** pages…*

Attention ! En Belgique et en Suisse, même si les chiffres du français international sont parfaitement compris, on utilise des formes différentes à partir de 70, aussi bien à l'oral qu'à l'écrit.

▶ En Belgique :
On utilise les formes **septante** (70) et **nonante** (90). **1971** se dit donc **mille neuf cent septante-un**.
*Son grand-père a fêté ses **nonante** ans.*

On prononce le **-p** dans **septante** [sɛptɑ̃t].

En revanche, comme en France, on utilise **quatre-vingts**.

▶ En Suisse :
On utilise les mêmes formes qu'en Belgique (**septante**, **nonante**), auxquelles il faut ajouter **huitante** ou **octante** pour 80.
*La question posée a été approuvée par référendum à plus de **huitante** / **octante** pour cent de la population.*

2 PRISE DE CONTACT

LES NOMBRES À PARTIR DE 20

20	vingt	**30**	trente	**200**	deux cents	**1000**	mille
21	vingt et un / une	**40**	quarante	**201**	deux cent un	**1001**	mille un
22	vingt-deux	**50**	cinquante	**300**	trois cents	**10 000**	dix mille
23	vingt-trois	**60**	soixante	**400**	quatre cents	**100 000**	cent mille
24	vingt-quatre	**70**	soixante-dix	**500**	cinq cents	**1 000 000**	un million
25	vingt-cinq	**80**	quatre-vingts	**600**	six cents	**2 000 000**	deux millions
26	vingt-six	**90**	quatre-vingt-dix	**700**	sept cents	**1 000 000 000**	un milliard
27	vingt-sept	**100**	cent	**800**	huit cents		
28	vingt-huit	**101**	cent un	**900**	neuf cents		
29	vingt-neuf	**110**	cent dix				

▶ Prononciation

Quelques nombres changent de prononciation :

vingt [vɛ̃] mais *vingt-deux* [vɛ̃tdø], *vingt-trois* [vɛ̃tˈtʀwa]

▶ Orthographe

Seul **quatre-vingts** (80) s'écrit avec un **-s**. Dans les autres cas, on écrit :

quatre-vingt-un, quatre-vingt-deux...

En français, on place un trait d'union (-) entre les dizaines et les unités.

dix-sept, vingt-deux, quarante-cinq

Avec la conjonction **et**, on n'emploie pas le trait d'union.

*vingt **et** un, cinquante **et** un*

LES PRONOMS PERSONNELS

Les pronoms sujets (atones)

	SINGULIER	PLURIEL
1ʳᵉ PERSONNE	**je** (**j'** devant une voyelle ou un **h** muet)	**nous / on**
2ᵉ PERSONNE	**tu / vous** (de politesse)	**vous**
3ᵉ PERSONNE	**il / elle / on**	**ils / elles**

Les pronoms personnels sujets sont obligatoires dans la plupart des cas et on les place devant le verbe.
- *Éric Descamps ?*
- *Oui, **je** suis là.*

- *Hans ?*
- ***Il** est absent.*

Dans une question, ils peuvent être placés après le verbe.
*Avez-**vous** des frères et sœurs ?*

Les pronoms toniques

	SINGULIER	PLURIEL
1ʳᵉ PERSONNE	**moi**	**nous**
2ᵉ PERSONNE	**toi**	**vous**
3ᵉ PERSONNE	**lui / elle**	**eux / elles**

Les pronoms personnels toniques permettent de renforcer le pronom personnel sujet.
***Moi**, je m'appelle Sarah.*

Contrairement aux pronoms personnels sujets, les pronoms toniques peuvent s'employer seuls, sans le verbe.
- *Comment tu t'appelles ?*
- ***Moi**, je m'appelle Grazia, et **toi** ?*
- ***Moi**, Julio.*

Avec **c'est**, on emploie les pronoms personnels à la forme tonique.
- *Carine Nacar ?*
- *Oui, c'est **moi**.*

LE GENRE ET LE NOMBRE DES NOMS

▶ Le genre
En français, tous les noms ont un genre : ils sont masculins ou féminins. Le neutre n'existe pas.
Cette information est importante parce qu'il faut accorder tous les éléments qui se rapportent au nom (articles, adjectifs, démonstratifs…) au même genre que celui-ci.

le cinéma américain   ***la** musique américaine*

▶ Le nombre
En général, on forme le pluriel des noms en ajoutant un **-s** à la forme du singulier.

livre ➔ *livres*   *musicien* ➔ *musicien**s***

LES ARTICLES DÉFINIS

	SINGULIER	PLURIEL
MASCULIN	**le** sport, **l'**art *	**les** pays
FÉMININ	**la** cuisine, **l'**histoire *	**les** vacances

*__Le__ et **la** deviennent **l'** devant une voyelle ou un **h** muet.

On utilise l'article défini pour :

▶ mentionner un objet, une idée, une personne, etc. précise, connue ou déjà citée.
*C'est **le** chat de Lucile.*

▶ faire référence à une catégorie, une espèce en général.
***Les** fromages français sont célèbres dans le monde entier.*

▶ faire référence à une habitude en rapport avec un jour de la semaine.
***Le** lundi, je vais à la piscine.*

LE VERBE ÊTRE

On utilise le verbe **être** pour :

▶ définir des mots ou des concepts.
*La Terre **est** une planète.*

▶ désigner (un objet, un lieu, une personne ou un concept).
*C'**est** la Terre. C'**est** une planète.*

▶ apprécier ou commenter quelque chose (**c'est** + adjectif masculin singulier).
*C'**est** joli. Tu as bien choisi les couleurs.*

▶ définir ou classer (un objet, une personne...).
*Minou **est** un chat.*

▶ identifier.
*Minou **est** le chat de Justine.*

▶ exprimer des caractéristiques.
*Minou **est** noir et blanc.*

▶ situer dans l'espace.
*Minou **est** sur le fauteuil.*

▶ indiquer l'état.
*Minou **est** fatigué. Il **est** gros. Il **est** heureux.*

▶ parler de la profession.
*Paul **est** journaliste.**

*Sans article entre **être** et la profession.

Où est ma chaussure ?

LE VERBE AVOIR

En français, on utilise **avoir** pour :

▶ désigner la possession.
   *Il **a** trois voitures.*

▶ indiquer l'âge.
   ● *Tu **as** quel âge ?*
   ○ *J'**ai** 15 ans. Et toi ?*

IDENTIFIER : C'EST / CE SONT

C'est et **ce sont** permettent d'identifier, de désigner ou de présenter quelque chose ou quelqu'un.
   ● ***C'est** Isabelle Adjani ?*
   ○ *Non, **c'est** Juliette Binoche.*

   ● ***Ce sont** les îles Seychelles ?*
   ○ *Non, **ce sont** les îles Comores.**

*À l'oral, en langage familier, on utilise souvent le singulier.
   ***C'est** les îles Comores.*

À la forme négative, on dit **ce n'est pas** et **ce ne sont pas**.
   ● *Jorge, **c'est** Jacques en français ?*
   ○ *Non, **ce n'est pas** Jacques, c'est Georges.*

   ● *La photo nº 4, **ce sont** les Pays-Bas ?*
   ○ *Non, **ce ne sont pas** les Pays-Bas.*

3 POINTS COMMUNS

LE GENRE ET LE NOMBRE DES ADJECTIFS

Les adjectifs s'accordent en genre et en nombre avec le nom qu'ils qualifient ou caractérisent.

un pantalon **gris** → une chemise **grise**
un livre **passionnant** → des livres **passionnants**

La formation du féminin

Selon la règle générale, on forme le féminin des adjectifs en ajoutant un **-e** final à la forme du masculin.

grand → grand**e**   japonais → japonais**e**
petit → petit**e**   mexicain → mexicain**e**

Mais il y a d'autres règles :

▶ les terminaisons **-ien** ou **-on** deviennent **-ienne** ou **-onne**.

brésil**ien** → brésil**ienne**   bret**on** → bret**onne**

▶ la terminaison **-er** devient **-ère**.
étrang**er** → étrang**ère**

▶ la terminaison **-eux** devient **-euse**.
joy**eux** → joy**euse**

▶ la terminaison **-eur** devient **-euse**.
travaill**eur** → travaill**euse**

▶ les adjectifs terminés en **-e** sont aussi bien masculins que féminins, c'est-à-dire invariables en genre.
jeune → jeune

Former le masculin à partir du féminin

Connaître la forme du féminin d'un adjectif peut aider à trouver la forme du masculin : à l'oral pour en connaître la prononciation et à l'écrit pour en connaître l'orthographe.

▶ À l'oral, la dernière consonne qu'on entend d'un adjectif féminin nous indique qu'au masculin, celle-ci n'est pas prononcée.

FÉMININ   MASCULIN
japonaise [ʒaponɛz]   japonais [ʒaponɛ]

▶ À l'écrit, cette dernière consonne qu'on entend nous indique la terminaison de la forme du masculin.

FÉMININ   MASCULIN
grande [ɡʀɑ̃d]   grand [ɡʀɑ̃]

Ce sont des étudiantes françaises.

Ce sont des étudiants français.

▶ Dans certains cas, la prononciation est identique au masculin et au féminin. C'est à l'écrit qu'on constate une variante : le **-e** final du féminin.

FÉMININ	MASCULIN
âgée [aʒe]	*âgé* [aʒe]
espagnole [ɛspaɲɔl]	*espagnol* [ɛspaɲɔl]

La formation du pluriel

Selon la règle générale, on forme le pluriel des adjectifs en ajoutant un **-s** final à la forme du masculin.

grand ➜ *grand**s***
petite ➜ *petite**s***

Mais il y a d'autres règles :

▶ les adjectifs en **-x** au singulier sont invariables au pluriel.
joyeux ➜ *joyeux*

▶ la plupart des adjectifs en **-al** au singulier font **-aux** au pluriel.
normal ➜ *norm**aux***

LA NÉGATION NE... PAS

En français standard, on exprime la négation absolue avec **ne... pas**. C'est la forme négative la plus courante. On place **ne** devant le verbe et **pas**, après.
Il **ne vient pas** *manger aujourd'hui.*

Devant une voyelle, **ne** devient **n'**.
Il **n'est pas** *content.*

En langage familier, à l'oral (conversation informelle surtout) mais aussi à l'écrit (correspondance informelle), on omet souvent **ne**.
Il **est pas** *content.*

LES ADJECTIFS POSSESSIFS

Les adjectifs possessifs permettent d'indiquer une relation d'appartenance entre des êtres, des choses, des idées, etc. et leur(s) possesseur(s).

NOMBRE DE POSSESSEURS	PERSONNE	SINGULIER			PLURIEL
		MASCULIN	FÉMININ QUI COMMENCE PAR UNE VOYELLE OU UN **H** MUET	FÉMININ	MASCULIN ET FÉMININ
1 POSSESSEUR	moi toi vous (de politesse) lui / elle	**mon** mari **ton** père **votre** fils **son** grand-père	**mon** épouse **ton** épouse **votre** épouse **son** épouse	**ma** femme **ta** mère **votre** fille **sa** grand-mère	**mes** enfants **tes** parents **vos** cousins **ses** grands-parents
2 POSSESSEURS OU +	nous vous eux / elles	**notre** frère **votre** oncle **leur** neveu	**notre** sœur **votre** tante **leur** nièce		**nos** sœurs **vos** tantes **leurs** nièces

Les adjectifs possessifs s'accordent toujours en nombre avec le nom auquel ils se rapportent.

Nom au singulier = adjectif possessif au singulier
l'ami de Bob = **son** *ami*

Nom au pluriel = adjectif possessif au pluriel
les amis de Bob = **ses** *amis*

POSER DES QUESTIONS (2)

On peut aussi poser une question à l'aide des adjectifs interrogatifs **quel, quelle, quels, quelles**.

	MASCULIN	FÉMININ
SINGULIER	**quel** âge... ?	**quelle** profession... ?
PLURIEL	**quels** livres... ?	**quelles** langues... ?

- **Quelle** *est ta date de naissance ?*
- *Je suis né le 24 avril 1991.*

Quel, quelle, quels, quelles se prononcent tous [kɛl].

LES ARTICLES INDÉFINIS

On utilise l'article indéfini pour mentionner un objet, une idée, une personne, etc. que l'on mentionne pour la première fois ou qui n'est pas forcément connu(e) de l'interlocuteur.

	SINGULIER	PLURIEL
MASCULIN	**un** livre	**des** livres
FÉMININ	**une** photo	**des** photos

On peut employer **un** ou **une** pour indiquer la possession :
Tu as **un** *stylo ?*

On emploie **des** pour parler de plusieurs éléments que nous ne connaissons pas ou que nous identifions pour la première fois, ou bien pour parler en général d'une catégorie de choses, de personnes, etc. sans en préciser le nombre. L'article **des** indique la pluralité mais ne spécifie pas la quantité.
Il a **des** *enfants ?*

Voir aussi l'unité 6 pour les articles indéfinis dans une phrase négative.

4 LA VIE EN ROCK

VOUVOYER OU TUTOYER

En français, on peut s'adresser à une seule personne avec **vous** (= vouvoiement, vouvoyer quelqu'un) ou avec **tu** (= tutoiement, tutoyer quelqu'un).

Plutôt qu'une règle grammaticale, il s'agit d'une règle sociale importante à comprendre et à respecter.

Vouvoyer

Vouvoyer indique distance et respect envers la personne à qui on s'adresse. C'est la marque de politesse par excellence dans les relations entre les personnes. Il est important de vouvoyer les personnes qui n'appartiennent pas aux domaines décrits dans la partie « tutoyer ».

Au travail, dans les commerces et en général, dans toutes les situations professionnelles, on vouvoie les personnes à qui on s'adresse. Les tutoyer peut être mal interprété.
- *Bonjour madame, **vous** pouvez me donner un timbre à 0,60 euros, s'il **vous** plaît ?*
- *Bien sûr. Désirez-**vous** autre chose ?*

Il n'est pas rare dans les bureaux que des employés, à statut hiérarchique différent, se vouvoient même s'ils travaillent ensemble depuis longtemps.
- *Jean, **vous** pouvez prendre le dossier Durango pour la réunion de cet après-midi ?*
- *Oui, monsieur Raffina.*

Le vouvoiement doit être appliqué dans toute correspondance formelle (professionnelle, administrative, commerciale, publicitaire).
Cher monsieur,
*Comme **vous** le souhaitez, j'ai le plaisir de...*

Tutoyer

Si on s'adresse à un enfant (jusqu'à 12/15 ans), on emploie le tutoiement dans tous les cas.
- *Alors mon petit, **tu** aimes les bonbons ?*
- *Oui, madame.*

Entre les membres d'une même famille et entre amis, on se tutoie.
- *Papa, est-ce que **tu** veux bien venir me chercher à la sortie du cinéma ?*
- *D'accord, mais **tu** ne me fais pas attendre.*

De l'école jusqu'à l'université, on se tutoie entre camarades et, en général, jusqu'à l'âge de 18 ans, on se tutoie spontanément dans toutes les situations.
*Justine, **tu** me passes ton stylo, s'il te plaît ?*
***Tu** as combien de moyenne en français ?*

Attention ! On ne tutoie jamais un professeur.
*Monsieur, **vous** pouvez nous donner la date de l'examen ?*

La transition de « vous » à « tu »

La transition de **vous** à **tu** n'est pas automatique. Elle implique que la personne qui, par son âge ou sa place hiérarchique, est au-dessus de l'autre, autorise ce passage au tutoiement.

- ● *Est-ce que vous avez un instant pour regarder ce dossier, madame ?*
- ○ *Si vous voulez, on peut se tutoyer.*
- ● *D'accord, eh bien... est-ce que tu peux...*

POSER DES QUESTIONS (3)

L'inversion

En langage soutenu à l'oral et surtout à l'écrit formel, on place le verbe devant le pronom sujet et on unit ces deux éléments par un trait d'union. Si la phrase initiale ne contient pas de pronom sujet, on l'ajoute.

*Il y a souvent des stéréotypes... Quels **sont-ils** ?*

On emploie l'inversion aussi bien pour des questions fermées que pour des questions ouvertes.

« Est-ce que... »

On utilise **est-ce que** dans les questions fermées. Cette locution est simple à utiliser : il suffit de la placer devant la phrase affirmative.

- ● ***Est-ce que** vous voulez un café ?*
- ○ *Oui, volontiers !*
- ❑ *Non merci !*

Devant une voyelle, **est-ce que** devient **est-ce qu'**.

- ● ***Est-ce qu'**il y a un bon film à la télé ce soir ?*
- ○ *Non.*

On peut utiliser **est-ce que** dans des questions ouvertes en combinaison avec un mot interrogatif.

*Où **est-ce que** tu habites ?*

À l'oral, en langage familier, **est-ce que** disparaît très souvent. Seule l'intonation montante indique que c'est une question.

- ● *Vous faites du sport ?*
- ○ *Moi oui, un petit peu.*
- ❑ *Moi non, pas du tout.*

« Qu'est-ce que... »

Qu'est-ce que est une question partielle et les réponses possibles sont nombreuses.

- ● ***Qu'est-ce qu'**on achète pour son anniversaire ?*
- ○ *Je ne sais pas. Un disque ? Un pull ? Un livre ?*

- ● ***Qu'est-ce que** nous apportons samedi ? Un gâteau ? Des jus de fruits ?*
- ○ *Apportez un gâteau.*

- ● ***Qu'est-ce qu'**il mange normalement ?*
- ○ *Il mange de tout. Ce n'est pas un enfant difficile.*

À l'oral, en langage familier, on utilise **quoi** au lieu de **qu'est-ce que**.

*On achète **quoi** pour son anniversaire ?*
*On apporte **quoi** samedi ?*
*Il mange **quoi** ?*

Quelques mots interrogatifs

Dans cette unité, nous avons vu trois mots interrogatifs :

▶ **Comment** : la question porte sur la façon ou la manière de faire ou de dire quelque chose.
Comment tu t'appelles ?

▶ **Où** : la question porte sur le lieu.
Où habites-tu ?

On peut aussi faire précéder ce mot d'une préposition.
D'où est-ce que tu viens ?

▶ **Qui** : la question porte sur une personne.
Qui veut un café ?

À l'oral, en langage familier, le mot interrogatif est très souvent placé à la fin de la question.
*Tu t'appelles **comment** ?*

LES PRÉPOSITIONS **À** ET **DE** + ARTICLE DÉFINI

Devant certains articles définis, on unit **à** et **de**.

	le	les	la	l'
à	au	aux	à la	à l'
de	du	des	de la	de l'

● *Est-ce que tu joues **au** foot ?*
○ *Non, mais je fais **du** basket.*

EXPRIMER DIFFÉRENTS DEGRÉS DANS LES GOÛTS

On peut choisir parmi différents verbes ou locutions verbales pour exprimer ses goûts.

☺ adorer / aimer beaucoup
☺ aimer
☺ aimer bien
☹ ne pas (trop) aimer
☹ détester / ne pas aimer du tout

● ***Tu aimes** le cinéma français ?*
○ *Oh oui, **j'adore** ! Et toi ?*
● *Moi, **j'aime bien** mais je préfère le cinéma américain.*
❏ *Pas moi. Moi, **je déteste** le cinéma américain !*

5 DESTINATION VACANCES

LES MOIS ET LES SAISONS DE L'ANNÉE

Les mois

Les mois de l'année sont :

janvier	avril	juillet	octobre
février	mai	août	novembre
mars	juin	septembre	décembre

Pour se situer dans l'année, on peut utiliser **en** + mois ou l'expression **au mois de / d'**.
*Nous sommes **en octobre, en novembre**...*
*Nous sommes **au mois d'octobre, de novembre**...*

On ne met jamais d'article devant le mois.
***Janvier** et **février** sont les mois les plus froids de l'année.*

Les saisons

Les saisons de l'année sont :

le printemps	l'été	l'automne	l'hiver

*Nous sommes **en été** / **en automne** / **en hiver**.*
*Nous sommes **au printemps**.*
*Chez nous, **l'automne** commence le 21 septembre.*

IL Y A / IL N'Y A PAS

Il y a est une forme impersonnelle qui permet d'indiquer la présence ou l'existence d'objets, de personnes, d'êtres ou de services. **Il y a** sert pour le singulier comme pour le pluriel.
- *• **Il y a** une pharmacie près d'ici ?*
- *○ Oui, **il y a** une grande pharmacie dans l'avenue Victor-Hugo.*

- *• Est-ce qu'**il y a** des commerces dans ce club de vacances ?*
- *○ Oui, **il y a** une bonne épicerie à cinq minutes.*

Pour indiquer l'absence, il suffit d'utiliser la forme négative **il n'y a pas**.
- *• Est-ce qu'**il y a** des glaçons ?*
- *○ Non, **il n'y a pas** de glaçons mais **il y a** de l'eau fraîche dans le réfrigérateur.*

Il y a des toilettes par ici ?

LE PRONOM ON (1)

On est un pronom sujet de la troisième personne du singulier. **On** peut avoir différentes valeurs. Dans cette unité, le pronom **on** est neutre : il n'y a pas d'information sur le sujet de l'action.

> *On mange pour vivre.*

On est aussi utilisé pour parler d'une généralité sans définir le sujet.

> *En France, **on** parle français.*

On prend aussi cette valeur si ce n'est pas possible de préciser qui réalise l'action.

> *(Toc, toc) **On** frappe à la porte. Tu peux aller voir qui c'est ?*

Voir aussi l'unité 6 pour une autre valeur du pronom **on**.

PARLER D'ACTIVITÉS ET DE LOISIRS

- *Qu'est-ce que vous faites le week-end ?*
○ *Moi, je fais de la natation et je joue au tennis.*
- *Moi, je regarde la télé.*

SITUER DANS L'ESPACE

▶ **À côté de / d'** indique qu'un objet, un lieu ou un être vivant est proche et en contact avec un autre.
*La chambre 114 **est à côté de** la chambre 113.*

▶ **Dans** (idée d'intériorité).
***Dans** la maison*, dans la voiture, dans la rue, dans le livre, etc.*

*Pour faire référence à une maison définie et, par extension, à un commerce qu'on désigne par la profession, on emploie la préposition **chez** : ***chez** moi, **chez** tes amis, **chez** l'épicier, etc.*

▶ **Près de / d'** indique la proximité d'un objet, d'un lieu ou d'un être vivant par rapport à un autre, sans qu'il y ait contact.
*La chambre 234 est **près de** la chambre 245.*

Près de s'oppose **à loin de**.

▶ **Sur** (idée de surface plane).
***Sur** la table, **sur** la route, **sur** la plage, **sur** la pancarte, **sur** l'affiche, **sur** l'écran (de l'ordinateur), etc.*

À / EN + NOMS DE LIEU

En français, on utilise des prépositions pour situer dans l'espace un lieu, une personne, un objet…

▶ **À** + nom
- devant un nom de ville.
  *J'habite **à** Washington.*

- devant certains noms d'îles.
  *Il va **à** Haïti.*

▶ **Au** + nom de pays masculin*
  *Je vais **au** Mexique.*

*Les pays masculins dont le nom commence par une voyelle sont précédés de la préposition **en** : **en** Irak, **en** Uruguay, etc.

▶ **Aux** + nom de pays pluriel
  *J'habite **aux** États-Unis.*

▶ **En** + nom de pays féminin
  *Je vais **en** France, **en** Italie, **en** Bolivie, **en** Algérie, **en** Chine, etc.*

EXPRIMER L'INTENTION : VOULOIR + INFINITIF

● *Qu'est-ce que **vous voulez faire** plus tard ?*
○ *Moi, **je veux travailler** avec les enfants. Je **veux être** institutrice.*

● *Les enfants, est-ce que **vous voulez aller** au zoo dimanche ?*
○ *Ouuuuuui !!!!!!! Génial !*

6 SOIRÉE À THÈME

LES ARTICLES PARTITIFS

	SINGULIER	PLURIEL
MASCULIN	**du** pain / **de l'**ananas	**des** fruits
FÉMININ	**de la** confiture / **de l'**eau	**des** pâtes

On emploie les articles partitifs pour exprimer une quantité non précisée.
*Le midi, je mange **de la** viande ou **du** poisson, avec **des** petits légumes.*

LES PARTITIFS ET LES INDÉFINIS À LA FORME NÉGATIVE

Les partitifs (**du**, **de la**, **de l'**, **des**) et les indéfinis (**un**, **une**, **des**) deviennent à la forme négative **de** ou **d'** devant une voyelle ou un **h**.

AFFIRMATIF	NÉGATIF
J'achète **du** pain. Nous achetons **de l'**huile. Tu as **de la** confiture ? Il faut acheter **des** boissons fraîches.	Je n'achète pas **de** pain. Nous n'achetons pas **d'**huile. Tu n'as pas **de** confiture ? Il ne faut pas acheter **de** boissons fraîches.
J'ai **un** sac marron. Nous avons **une** invitation pour la fête. Il a **des** déguisements.	Je n'ai pas **de** sac marron. Nous n'avons pas **d'**invitation pour la fête. Il n'a pas **de** déguisements.

LE PRONOM ON (2)

On est un pronom sujet de la troisième personne du singulier. **On** peut avoir différentes valeurs. Dans cette unité, le pronom **on** est synonyme du pronom personnel sujet **nous**.

Avec cette valeur, **on** est employé dans la langue courante, essentiellement à l'oral mais aussi dans des écrits non formels (courriels personnels, textos, chats, etc.). Son usage est souvent critiqué mais il est de plus en plus habituel chez tous les locuteurs.

● *Vous venez à quelle heure demain ?*
○ ***On pense** arriver vers sept heures.*

On est synonyme de **nous** dans les contextes cités mais reste un pronom singulier : les verbes se conjuguent à la troisième personne du singulier.
*Demain, **on est** en vacances.*

Attention ! Les adjectifs ou attributs s'accordent avec la valeur du pronom, c'est-à-dire **nous** : ils sont au pluriel et font l'accord en genre si nécessaire.
Sophie et moi, on part dans les Pyrénées. **On est contentes** *de partir toutes les deux en vacances.*

On n'a pas de forme tonique : on emploie **nous**.
● *Vous habitez où ?*
○ **Nous, on** *habite à Lyon. Et vous ?*

Voir aussi l'unité 5 pour une autre valeur du pronom **on**.

LES ADJECTIFS DÉMONSTRATIFS

Les adjectifs démonstratifs permettent de désigner un objet, un lieu, une personne, une idée qu'on a déjà cité.
Ils peuvent être renforcés par un geste pour montrer ce qui est désigné.

	MASCULIN		FÉMININ
SINGULIER	**ce** livre	**cet** ordinateur / **cet** hôtel *	**cette** table
PLURIEL	**ces** livres		**ces** tables

*Devant une voyelle ou un **h**, **ce** devient **cet**.

Cet et **cette** se prononcent [sɛt].

ALLER + INFINITIF

Le verbe **aller** au présent de l'indicatif, immédiatement suivi d'un verbe à l'infinitif, exprime une action future dont la probabilité est très forte.
● *Qu'est-ce que **tu vas faire** ce week-end ?*
○ *Je pense que **je vais faire** du ski.*

Ce soir, Demain, La semaine prochaine, Le mois prochain, L'année prochaine, Dans deux ans,	**je vais** **tu vas** **il / elle / on va** **vous allez** **nous allons** **ils / elles vont**	+ verbe à l'infinitif

À la forme négative, on intercale le deuxième élément de la négation entre le verbe **aller** et l'infinitif.
● *Finalement, **je ne vais pas faire** de ski ce week-end.*
○ *Et qu'est-ce que tu vas faire ?*

L'OBLIGATION : IL FAUT

Pour exprimer une obligation générale, on peut utiliser le verbe **falloir**. **Falloir** est un verbe impersonnel, c'est-à-dire qu'il se conjugue uniquement à la troisième personne du singulier.

▶ **Il faut** + infinitif.
  Il faut manger pour vivre.

Forme négative : *Il ne faut pas acheter de boissons.*

▶ **Il faut** + nom.
  Il faut des œufs pour faire une omelette.

Forme négative : *Il ne faut pas de sucre pour faire cette recette.*

DEMANDER ET DONNER UN PRIX

  ● *Combien coûte ce pantalon ?*
  ○ *(Il coûte) 89 euros.*

  ● *Combien coûtent ces chaussures ?*
  ○ *(Elles coûtent) 210 euros.*

Pour demander ou donner le prix sans préciser le nom de l'objet, on peut dire :
  ● *C'est combien ?*   ● *Combien ça coûte ?*
  ○ *89 euros.*   ○ *210 euros.*

DEMANDER ET DONNER L'HEURE

En français, pour indiquer l'heure, on doit obligatoirement employer le mot **heure** entre les heures et les minutes, à l'écrit (souvent abrégé avec un **h**) et à l'oral.
  Il est quatre heures vingt. (4h20)
  Il cinq heures moins dix. (4h50)
  Il dix-heures vingt-cinq (17h25)

En langage courant, on préfère souvent utiliser la formule **moins** pour indiquer les minutes qui manquent avant la nouvelle heure (à partir de la 35e minute).
  *Trois heures **moins** cinq. (2h55)*
  *Trois heures **moins** dix. (2h50)*
  *Trois heures **moins le quart**. (2h45)*
  *Trois heures **moins** vingt. (2h40)*
  *Trois heures **moins** vingt-cinq. (2h35)*

On dit aussi :
  *Trois heures **et quart**. (3h15)*
  *Trois heures **et demie**. (3h30)*

Pour demander l'heure, on pose la question **Quelle heure est-il ?** ou **Il est quelle heure ?**
  ● *Excusez-moi, monsieur, **il est quelle heure**, s'il vous plaît ?*
  ○ *Trois heures vingt, mon grand.*
  ● *Merci monsieur, au revoir !*

LES JOURS DE LA SEMAINE

On commence habituellement la semaine le lundi : **lundi, mardi, mercredi, jeudi, vendredi, samedi, dimanche**.

Employés sans article, les jours de la semaine font référence au jour qui vient de passer ou qui vient.
- ***Lundi**, je vais à la piscine. Tu m'accompagnes ?*
- ○ ***Lundi** ? Désolé, je ne peux pas mais, si tu veux, je peux **mercredi**.*

On peut compléter le jour avec les formes **dernier** ou **prochain**.
- *Qu'est-ce que tu fais **dimanche prochain** ?*
- ○ *Je vais à la montagne comme **dimanche dernier**.*

Employés avec l'article défini masculin singulier, les jours de la semaine font référence à une habitude.
*D'habitude, **le samedi**, je vais à la montagne.*
*Le restaurant est fermé **le lundi**.*

INDIQUER LA SUCCESSION DES ACTIONS : **D'ABORD, APRÈS, ENSUITE, PUIS, ENFIN**

Des mots comme **d'abord**, **ensuite**, **puis**, **après** et **enfin** indiquent les différentes étapes dans la réalisation d'un projet, d'un exposé, d'une recette de cuisine ou bien signalent la succession des actions dans un récit.

Soupe à l'oignon

***D'abord**, tu épluches les oignons. **Ensuite**, tu coupes les oignons en morceaux **puis** tu les fais revenir dans un peu d'huile. **Après**, tu ajoutes trois cuillères de farine et un verre de vin blanc. Tu mélanges bien. **Enfin**, tu verses un demi-litre d'eau bouillante et tu laisses cuire pendant dix minutes.*

D'abord, tu coupes les oignons. Ensuite, tu presses le citron, puis tu râpes le fromage et tu mets du sel dans l'eau bouillante. Après... Enfin...

Les participes passés figurent entre parenthèses sous l'infinitif.
L'astérisque (*) à côté de l'infinitif indique que ce verbe se conjugue avec l'auxiliaire **être**.

VERBES AUXILIAIRES

AVOIR (eu)	présent de l'indicatif	impératif	passé composé	**Avoir** *indique la possession. C'est aussi le principal verbe auxiliaire aux temps composés : j'ai parlé, j'ai été, j'ai fait...*
	j'ai tu as il / elle / on a nous avons vous avez ils / elles ont	aie ayons ayez	j'ai eu tu as eu il / elle / on a eu nous avons eu vous avez eu ils / elles ont eu	

ÊTRE (été)	présent de l'indicatif	impératif	passé composé	**Être** *est aussi un verbe auxiliaire aux temps composés avec tous les verbes pronominaux : se lever, s'appeler, etc. et certains autres verbes : venir, arriver, partir, etc.*
	je suis tu es il / elle / on est nous sommes vous êtes ils / elles sont	sois soyons soyez	j'ai été tu as été il / elle / on a été nous avons été vous avez été ils / elles ont été	

VERBES SEMI-AUXILIAIRES

ALLER* (allé)	présent de l'indicatif	impératif	passé composé	*Dans sa fonction de semi-auxiliaire,* **aller** *au présent de l'indicatif + infinitif permet d'exprimer un futur proche.*
	je vais tu vas il / elle / on va nous allons vous allez ils / elles vont	va allons allez	je suis allé(e) tu es allé(e) il / elle / on est allé(e)(s) nous sommes allé(e)s vous êtes allé(e)(s) ils / elles sont allé(e)s	

VENIR* (venu)	présent de l'indicatif	impératif	passé composé	*Dans sa fonction de semi-auxiliaire,* **venir** *au présent de l'indicatif + **de** + infinitif permet d'exprimer un passé récent.*
	je viens tu viens il / elle / on vient nous venons vous venez ils / elles viennent	viens venons venez	je suis venu(e) tu es venu(e) il / elle / on est venu(e)(s) nous sommes venu(e)s vous êtes venu(e)(s) ils / elles sont venu(e)s	

VERBES RÉFLEXIFS (OU PRONOMINAUX)

S'APPELER* (appelé)	présent de l'indicatif	impératif	passé composé	*La plupart des verbes en* **-eler** *doublent leur **l** aux mêmes personnes et aux mêmes temps que* **s'appeler**. *L'impératif de* **s'appeler** *est inusité.*
	je m'appelle tu t'appelles il / elle / on s'appelle nous nous appelons vous vous appelez ils / elles s'appellent	— — — —	je me suis appelé(e) tu t'es appelé(e) il / elle / on s'est appelé(e)(s) nous nous sommes appelé(e)s vous vous êtes appelé(e)(s) ils / elles se sont appelé(e)s	

VERBES EN -ER (1er GROUPE)

PARLER (parlé)	présent de l'indicatif	impératif	passé composé	Les trois personnes du singulier et la 3e personne du pluriel se prononcent [paʀl] au présent de l'indicatif. Cette règle s'applique à tous les verbes en -er : aimer, jouer, etc. **Aller** est le seul verbe en -er qui ne suit pas ce modèle.
	je parle tu parles il / elle / on parle nous parlons vous parlez ils / elles parlent	parle parlons parlez	j'ai parlé tu as parlé il / elle / on a parlé nous avons parlé vous avez parlé ils / elles ont parlé	

Formes particulières de certains verbes en -er

ACHETER (acheté)	présent de l'indicatif	impératif	passé composé	Au présent de l'indicatif, les trois personnes du singulier et la 3e personne du pluriel portent un accent grave (`) sur le **e** et se prononcent [ɛ]. La 1re et la 2e personne du pluriel sont sans accents et se prononcent [ə].
	j'achète tu achètes il / elle / on achète nous achetons vous achetez ils / elles achètent	achète achetons achetez	j'ai acheté tu as acheté il / elle / on a acheté nous avons acheté vous avez acheté ils / elles ont acheté	

MANGER (mangé)	présent de l'indicatif	impératif	passé composé	Devant **a** et **o**, on place un **e** pour maintenir la prononciation [ʒ] dans tous les verbes en -**ger**.
	je mange tu manges il / elle / on mange nous mangeons vous mangez ils / elles mangent	mange mangeons mangez	j'ai mangé tu as mangé il / elle / on a mangé nous avons mangé vous avez mangé ils / elles ont mangé	

PAYER (payé)	présent de l'indicatif	impératif	passé composé	Variantes : - au présent de l'indicatif : je paye, tu payes, il / elle / on paye, ils / elles payent ; - à l'impératif : paye.
	je paie tu paies il / elle / on paie nous payons vous payez ils / elles paient	paie payons payez	j'ai payé tu as payé il / elle / on a payé nous avons payé vous avez payé ils / elles ont payé	

PRÉFÉRER (préféré)	présent de l'indicatif	impératif	passé composé	Au présent de l'indicatif, les trois personnes du singulier et la 3e personne du pluriel se prononcent [–e–ɛ–] ; la 1re et la 2e du pluriel [–e–e–].
	je préfère tu préfères il / elle / on préfère nous préférons vous préférez ils / elles préfèrent	préfère préférons préférez	j'ai préféré tu as préféré il / elle / on a préféré nous avons préféré vous avez préféré ils / elles ont préféré	

AUTRES VERBES (2e et 3e GROUPES)

BOIRE (bu)	présent de l'indicatif	impératif	passé composé	
	je bois		j'ai bu	
	tu bois	bois	tu as bu	
	il / elle / on boit		il / elle / on a bu	
	nous buvons	buvons	nous avons bu	
	vous buvez	buvez	vous avez bu	
	ils / elles boivent		ils / elles ont bu	

CHOISIR (choisi)	présent de l'indicatif	impératif	passé composé	
	je choisis		j'ai choisi	*Les verbes finir, grandir, maigrir... se conjuguent sur ce modèle.*
	tu choisis	choisis	tu as choisi	
	il / elle / on choisit		il / elle / on a choisi	
	nous choisissons		nous avons choisi	
	vous choisissez	choisissons	vous avez choisi	
	ils / elles choisissent	choisissez	ils / elles ont choisi	

CONNAÎTRE (connu)	présent de l'indicatif	impératif	passé composé	
	je connais		j'ai connu	*Tous les verbes en -aître se conjuguent sur ce modèle.*
	tu connais	connais	tu as connu	
	il / elle / on connaît		il / elle / on a connu	
	nous connaissons	connaissons	nous avons connu	
	vous connaissez	connaissez	vous avez connu	
	ils / elles connaissent		ils / elles ont connu	

CROIRE (cru)	présent de l'indicatif	impératif	passé composé	
	je crois		j'ai cru	
	tu crois	crois	tu as cru	
	il / elle / on croit		il / elle / on a cru	
	nous croyons		nous avons cru	
	vous croyez	croyons	vous avez cru	
	ils / elles croient	croyez	ils / elles ont cru	

DEVOIR (dû)	présent de l'indicatif	impératif	passé composé	
	je dois		j'ai dû	*L'impératif de devoir est inusité.*
	tu dois	—	tu as dû	
	il / elle / on doit		il / elle / on a dû	
	nous devons	—	nous avons dû	
	vous devez	—	vous avez dû	
	ils / elles doivent		ils / elles ont dû	

DIRE (dit)	présent de l'indicatif	impératif	passé composé	
	je dis		j'ai dit	
	tu dis	dis	tu as dit	
	il / elle / on dit		il / elle / on a dit	
	nous disons	disons	nous avons dit	
	vous dites	dites	vous avez dit	
	ils / elles disent		ils / elles ont dit	

FAIRE (fait)	présent de l'indicatif	impératif	passé composé	La forme -ai dans nous faisons se prononce [ə].
	je fais tu fais il / elle / on fait nous faisons vous faites ils / elles font	fais faisons faites	j'ai fait tu as fait il / elle / on a fait nous avons fait vous avez fait ils / elles ont fait	

OFFRIR (offert)	présent de l'indicatif	impératif	passé composé	Les verbes couvrir, découvrir, ouvrir... se conjuguent sur ce modèle.
	j'offre tu offres il / elle / on offre nous offrons vous offrez ils / elles offrent	offre offrons offrez	j'ai offert tu as offert il / elle / on a offert nous avons offert vous avez offert ils / elles ont offert	

POUVOIR (pu)	présent de l'indicatif	impératif	passé composé	Pouvoir n'a pas d'impératif. Dans les questions avec inversion verbe-sujet, on utilise la forme ancienne de la 1re personne du singulier : Puis-je vous renseigner ?
	je peux tu peux il / elle / on peut nous pouvons vous pouvez ils / elles peuvent	— — —	j'ai pu tu as pu il / elle / on a pu nous avons pu vous avez pu ils / elles ont pu	

SAVOIR (su)	présent de l'indicatif	impératif	passé composé	
	je sais tu sais il / elle / on sait nous savons vous savez ils / elles savent	sache sachons sachez	j'ai su tu as su il / elle / on a su nous avons su vous avez su ils / elles ont su	

VOIR (vu)	présent de l'indicatif	impératif	passé composé	
	je vois tu vois il / elle / on voit nous voyons vous voyez ils / elles voient	vois voyons voyez	j'ai vu tu as vu il / elle / on a vu nous avons vu vous avez vu ils / elles ont vu	

VOULOIR (voulu)	présent de l'indicatif	impératif	passé composé	Les formes à l'impératif sont peu usitées. On les trouve souvent dans des expressions : Veuillez trouver ci-joint (dans une lettre ou un courriel).
	je veux tu veux il / elle / on veut nous voulons vous voulez ils / elles veulent	— — veuillez	j'ai voulu tu as voulu il / elle / on a voulu nous avons voulu vous avez voulu ils / elles ont voulu	

Index

N

nationalité 28-32
négation (**ne... pas**) 32, 78
nombre (des adjectifs) 33, 77
nombre (des noms) 22, 72
nombres (de 0 à 20) 15, 72
nombres (au-delà de 20) 22, 73
nombres (prononciation) 72
nonante 72
nous (pronom sujet / tonique)
    22, 73-74

O

obligation (**il faut**) 62, 86
octante 72
on 52, 63, 84, 86
où 42, 82

P

pays (noms de) 21
phonème 69
pluriel (des adjectifs) 33, 77-78
pluriel (des noms) 33, 77-78
possessifs 32, 78
prépositions de lieu 52
près de 52, 84
présentation 10, 23, 24
présenter (se) 71
prix (demander et donner un) 60-63
pronom indéfini **on** 52, 63, 82, 84
pronom personnel 22, 73-74
pronom tonique 22, 74
puis 64, 89

Q

quatre-vingts 72-73
quel 33, 42, 81
quelle 33, 42, 81
quelles 33, 42, 81
quels 33, 42, 81
qu'est-ce que 32, 42, 71, 81
question (intonation) 13
questions (poser des) 12, 33, 42, 71, 81
qui 42, 82
quoi 42, 81

R

registre de langue 42
renseignements (demander des) 23

S

sa 32, 78
saisons 50, 52, 83
saluer 10, 70
semaine (jours) 63, 86
semi-consonnes 69
semi-voyelles 69
septante 72
ses 32, 78
situer (dans l'espace) 52, 84
son 32, 78
sons 13
sur 52, 84

T

ta 32, 78
téléphone (numéro de) 25
temps (météo) 50-51
tes 32, 78
toi 22, 74
ton 22, 74
tréma 13, 70
tutoiement 42, 80
tutoyer 41, 43, 80

U

un 33, 79
une 33, 79

V

villes (noms de) 22
vouloir (présent de l'indicatif) 52
vouloir (+ infinitif) 52, 85
vous (pronom sujet / tonique) 22, 73-74
vouvoiement 42, 80
vouvoyer 41, 43, 78
voyelles nasales 69
voyelles orales 69

NOUVEAU
ROND-POINT
PAS À PAS A1

CAHIER D'ACTIVITÉS

Philippe Liria
María Rita Rodríguez

SOMMAIRE DU CAHIER

1 POINT DE DÉPART

1. EN CLASSE

A. À votre avis, qui dit ces phrases ? Le professeur ou l'élève ? Cochez la réponse qui convient.

	Professeur	Élève
Ouvrez votre livre à la page 16.		
Est-ce que vous pouvez répéter, s'il vous plaît ?		
Comment ça s'écrit, s'il vous plaît ?		
Comment on dit *glass* en français ?		
Qu'est-ce que ça veut dire *départ* ?		
Est-ce que vous avez compris ?		
Est-ce que c'est clair ?		
C'est à quelle page, s'il vous plaît ?		

B. Traduisez ces phrases dans votre langue.

1.
2.
3.
4.
5.
6.
7.
8.

2. ET COMMENT ÇA S'ÉCRIT ?

Piste 27

A. Écoutez ces personnes se présenter. Complétez la fiche avec leur nom de famille.

Sandra ....
Fatiha ....
André ....
Philippe ....
Céline ....
Kévin ....

B. Sur le même modèle, enregistrez votre présentation et épelez votre nom (et votre prénom). Donnez ou envoyez le fichier à votre professeur.

3. DÉJÀ VU

Piste 28

A. Écoutez la personne donner dans le désordre les lettres de certains mots de l'activité 1 du **livre de l'élève** et recomposez-les.

1. ....
2. ....
3. ....
4. ....
5. ....
6. ....

B. Utilisez ces mots dans les phrases suivantes.

1. La .... passe par Paris.
2. Nice est sur la .... d'Azur.
3. .... est la principale ville du Québec.
4. .... est la capitale de l'Europe.
5. Pour le petit-déjeuner, c'est un petit café et un
....
6. Le camembert est un ....

4. RÉSERVATION EN LIGNE

A. Faites la réservation en ligne de Mme Ruiz à l'aide des éléments ci-contre.

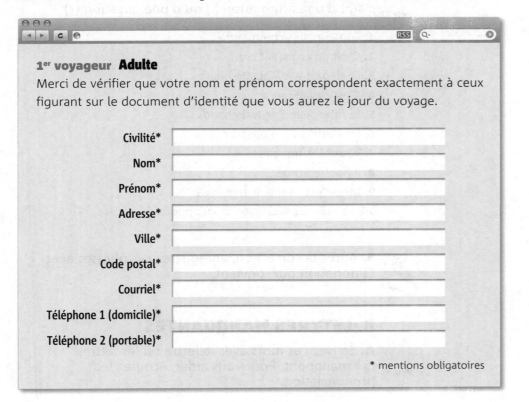

1ᵉʳ voyageur Adulte

Merci de vérifier que votre nom et prénom correspondent exactement à ceux figurant sur le document d'identité que vous aurez le jour du voyage.

Civilité*

Nom*

Prénom*

Adresse*

Ville*

Code postal*

Courriel*

Téléphone 1 (domicile)*

Téléphone 2 (portable)*

* mentions obligatoires

(+ 33) 02 97 43 89 56

e.ruiz@nrp.com

(+ 33) 06 34 55 95 05

4 allée des Fauvettes

Séné

Mme

56860

Emmanuelle

Ruiz

B. Maintenant, remplissez votre réservation.

1ᵉʳ voyageur Adulte

Merci de vérifier que votre nom et prénom correspondent exactement à ceux figurant sur le document d'identité que vous aurez le jour du voyage.

Civilité*

Nom*

Prénom*

Adresse*

Ville*

Code postal*

Courriel*

Téléphone 1 (domicile)*

Téléphone 2 (portable)*

* mentions obligatoires

5. DES CHIFFRES EN TOUTES LETTRES

A. Entourez le nombre entendu.

Piste 29

- zéro – trois – sept
- un – dix – sept
- deux – zéro – deux
- huit – trois – quatre
- quatre – cinq – neuf
- un – huit – cinq

B. Entourez le nombre entendu.

Piste 30

- dix-huit – seize – dix-sept
- dix – dix-neuf – vingt
- seize – quinze – quatorze
- treize – douze – seize
- dix-neuf – onze – dix-huit
- onze – dix-sept – seize

6. LE COMPTE EST BON

Écoutez et notez le résultat des opérations.

Piste 31

1. ....
2. ....
3. ....
4. ....
5. ....
6. ....

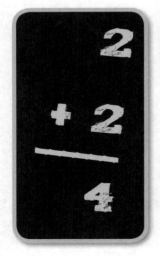

antisèche

En français...
- **+** se dit **plus**
- **–** se dit **moins**
- **:** se dit **divisé par**
- **x** se dit **multiplié**
- **=** se dit **égal**

7. C'EST UNE QUESTION ?

A. Écoutez ces phrases et ponctuez-les selon qu'il s'agit d'une affirmation (.) ou d'une question (?).

Piste 32

1. Tu t'appelles comment .....
2. C'est un croissant .....
3. Le départ est à quelle heure .....
4. C'est ça la France .....
5. Je m'appelle Éric Marchand .....
6. Un petit café, monsieur .....
7. Vous êtes française .....
8. Il habite Rome .....
9. Moi, c'est Pierre, Pierre Lacan .....
10. La Suisse est un pays francophone .....

B. Après la correction, enregistrez ces phrases avec l'intonation qui convient.

8. LETTRES MANQUANTES

A. Écrivez ces mots avec la lettre ou les lettres qui manquent. Pour vous aider, écoutez leur prononciation.

Piste 33

dé...à	Fran...e	...oisissez
ima...e	...our	So...ie
Fran...aise	co...ez	...er...ez
...ôte d'Azur	bon...our	...ranck
froma...e	...arpentier	Sté...anie
Mi...el	Vir...inie	...rase

B. Observez l'activité **A** et complétez ces phrases.

- Si on écrit **c** + ☐ ou **i**, on prononce **ce** [se] et **ci** [si].
- Si on écrit **c** + **a**, ☐ ou ☐, on prononce **ca** [ka], **co** [ko] et **cu** [ky].
- Si on écrit **ch** + ☐, ☐, **i**, ☐, **u**, on prononce **cha** [ʃa], **che** [ʃe], **chi** [ʃi], **cho** [ʃo] et **chu** [ʃy].
- Si on écrit **ç** + ☐, **o** ou ☐, on prononce **ça** [sa], **ço** [so] et **çu** [sy].
- Si on écrit **g** + ☐ ou **i**, on prononce **ge** [ʒe] et **gi** [ʒi].
- Si on écrit **g** + ☐, **o** ou ☐, on prononce **ga** [ga], **go** [go] et **gu** [gy].
- Si on écrit **ph** + **a**, ☐, ☐, ☐, **u**, on prononce **fa** [fa], **fe** [fe], **fi** [fi], **fo** [fo] et **fu** [fy].

9. STRATÉGIE DE LECTURE

A. Observez cette page tirée d'un site Internet. Reliez ces phrases à la partie du site où se trouve l'information.

- Je veux savoir à quelle heure les bureaux de cette maison d'édition sont ouverts. .....
- Je veux consulter les livres pour enfants en français. .....
- Je veux passer une commande. .....
- Je veux recevoir régulièrement des informations sur les nouveautés. .....
- Je veux demander des renseignements complémentaires. .....
- Je veux consulter en ligne les nouveautés. .....

vos stratégies

Pour comprendre et utiliser un document (site Internet, formulaire, etc.), le texte est important mais les autres éléments qui le composent le sont aussi : les photos, les illustrations, la disposition de la page, etc.

B. Notez cinq mots que vous ne comprenez pas. Cherchez dans un dictionnaire la définition de ces mots et leur traduction dans votre langue.

C. Cherchez un site français et simulez une réservation ou un achat.

1. LE, LA, L' OU LES ?

A. Sur le même modèle que celui de l'exercice 5, page 24 du *Livre de l'élève*, écrivez l'article défini qui convient.

...... adresse	...... emploi	...... livres	...... personnes
...... amour	...... famille	...... motivation	...... portable
...... apprentissage	...... images	...... nom	...... relations
...... classe	...... langue	...... numéro de téléphone	...... réponse
...... cours de français	...... liste	...... pays	...... travail

B. Classez ces noms dans le tableau ci-dessous. Vous pouvez le compléter avec d'autres noms des unités 1 et 2.

Masculin singulier	Masculin pluriel	Féminin singulier	Féminin pluriel

antisèche

En français, les articles définis sont toujours placés devant le nom.

Le ou **la** permettent de savoir si un nom est masculin ou féminin.

L' s'emploie devant une voyelle et aussi devant un *h* (il y a quelques exceptions).

2. LES NUMÉROS...

A. Lisez ces nombres à voix haute.

33 21 44 17 47 62 58 50 24 18 36 29

B. Cochez les nombres que vous entendez.

Piste 34

Série A

76	67	77
24	94	84
92	42	82
97	17	87
18	68	78
86	46	96
49	89	99
72	27	87
73	13	63
79	99	29

Série B

76	67	77
24	94	84
92	42	82
97	17	87
18	68	78
86	46	96
49	89	99
72	27	87
73	13	63
79	99	29

C. Écoutez, écrivez les opérations et enregistrez le résultat des opérations.

Piste 35

- .... + ... = ...
- .... + ... = ...
- .... + ... = ...
- .... + ... = ...
- .... + ... = ...
- .... + ... = ...
- .... + ... = ...
- .... + ... = ...
- .... + ... = ...
- .... + ... = ...

3. ... EN LETTRES

Écrivez en lettres les nombres suivants.

- 203 ....
- 145 ....
- 1 478 ....
- 592 ....
- 923 ....
- 1 893 ....
- 2 012 ....
- 1 938 052 ....
- 83 785 ....
- 297 300 ....

4. UN PEU DE GÉOGRAPHIE

A. Complétez ces phrases avec le nom qui convient. Attention à l'article qui accompagne le nom de pays !

Chili   États-Unis   France   Iran   Argentine   Brésil   Japon   Russie   Suisse   Égypte   Équateur

1. Moscou est sa capitale. C'est ....

2. Ses deux grandes villes sont Guayaquil et Quito. C'est ....

3. C'est un pays formé de beaucoup d'îles, la plus grande s'appelle Honshu. C'est

....

4. C'est le nom actuel de la Perse. C'est ....

5. Ce sont les deux pays de l'extrême sud de l'Amérique latine. ....

et ....

6. Elle est célèbre pour son vin et ses fromages. C'est ....

7. C'est le seul pays de langue portugaise en Amérique latine.

C'est ....

8. Elle est célèbre pour ses pyramides, comme celles de Louxor et de Gizeh. C'est

....

9. C'est un petit pays d'Europe connu pour ses montres et son chocolat.

C'est ....

10. Leur drapeau a 50 étoiles, comme le nombre d'États. Ce sont ....

B. Complétez le tableau suivant avec d'autres noms de pays que vous connaissez. N'oubliez pas de mettre l'article devant.

Masculin singulier	Féminin singulier	Pluriel

C. Préparez quatre phrases sur le même modèle que celles de l'activité **A** et demandez à vos camarades de trouver la solution.

....

....

....

....

5. MOI, JE...

Complétez ce dialogue à l'aide des pronoms sujets ou toniques qui conviennent.

● .... as une voiture ?

○ Qui ? .... ?

● Oui, ... !

○ Désolé, ... n'ai pas de voiture. Demande à Gilles.

● À Gilles !? .... es fou. .... n'a pas de voiture !

○ .... non, mais sa femme, oui !

● .... es sûr ?

○ Oui, ... sommes allés ensemble en voiture au supermarché.

● Ah bon ? .... deux ? .... et .... ? Sans Gilles ?

○ Oui, pourquoi pas ?!

● Parfait. Et .... as son numéro de téléphone ?

○ Oui, c'est le 06 45 20 58 23.

● Merci beaucoup.

○ De rien.

6. COMMENT VOUS VOUS APPELEZ ?

Complétez ces dialogues avec le verbe et/ou le pronom tonique qui convient. Et n'oubliez pas de conjuguer le verbe !

1. ● Comment vous .... ?

○ ...., ... Luc Ferran.

2. ● .... quel âge, s'il vous plaît ?

○ .... 38 ans.

3. ● Monsieur et madame Dupont ?

○ Oui, c'est ....

● Vos prénoms, s'il vous plaît ?

○ Moi, ... Élisabeth et mon mari, ... Martin.

4. ● C'est bien ...., Madame Karine Lamer ?

○ Non, ce n'est pas .... , c'est Anne Lemaître.
Karine Lamer, c'est ...., là-bas !

5. ● Éric .... deux frères mais comment .... ?

○ Robert et Philippe, n'est-ce pas ?

6. ● C'est ...., les nouveaux étudiants de français ?

○ Non, ..., ... les élèves de 2e année.

7. ● Pardon monsieur, ... un numéro de portable ?

○ Oui. C'est le 06 28 04 02 74.

7. PARCE QUE OU POUR ?

Répondez à la question en construisant des phrases avec **parce que** ou **pour** et avec les éléments de la dernière colonne.

Pourquoi tu apprends le français ?	PARCE QUE	a. le travail.
		b. c'est une belle langue.
		c. j'aime les langues.
		d. mes études.
	POUR	e. connaître une nouvelle culture.
		f. je veux visiter Paris.
		g. parler une nouvelle langue.
		h. faire du tourisme.

8. TU OU VOUS ?

Dites si, dans les situations suivantes, vous devez utiliser **tu** ou **vous**. Et dans votre langue ?

	En français		Dans votre langue	
	TU	VOUS	TU	VOUS
1. Vous parlez avec votre chef au travail.		X		
2. Vous parlez avec un collègue au travail.				
3. Vous parlez avec votre meilleur(e) ami(e).				
4. Vous parlez à votre professeur.				
5. Vous demandez des informations dans la rue.				
6. Vous parlez avec un membre de votre famille				

9. QUI EST ... ?

Piste 36

A. Deux personnes viennent s'inscrire à un cours d'anglais. Écoutez les dialogues et remplissez les fiches suivantes.

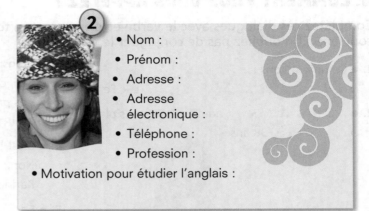

2

- Nom :
- Prénom :
- Adresse :
- Adresse électronique :
- Téléphone :
- Profession :
- Motivation pour étudier l'anglais :

1

- Nom :
- Prénom :
- Adresse :
- Adresse électronique :
- Téléphone :
- Profession :
- Motivation pour étudier l'anglais :

B. À vous maintenant de remplir cette fiche avec vos renseignements personnels.

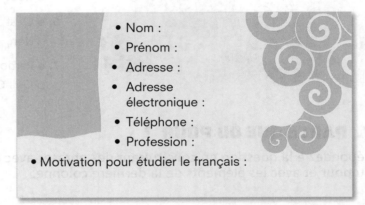

- Nom :
- Prénom :
- Adresse :
- Adresse électronique :
- Téléphone :
- Profession :
- Motivation pour étudier le français :

10. JE N'ENTENDS PAS...

Piste 37

A. Écoutez les mots de la liste et rayez les lettres que vous n'entendez pas.

- école
- langue
- amis
- parler

- famille
- s'appeler
- classe
- tu t'appelles

- ils parlent
- images
- mot
- télé

- tourisme
- sport
- cuisine
- neuf

B. Complétez la règle.

En général, on ne prononce pas...	VRAI	FAUX	EXEMPLES
le **-s** final			
le **-e** final			
la forme **-ent** des verbes			
le **-t** final			
le **-r** de l'infinitif **-er**			
toutes les consonnes finales			

C. À vous maintenant de lire les mots de l'activité **A**.

11. MASCULIN OU FÉMININ ?

A. Écrivez devant ces noms :

- un **M** si vous pensez que c'est un mot masculin.
- un **F** si vous pensez que c'est un mot féminin.

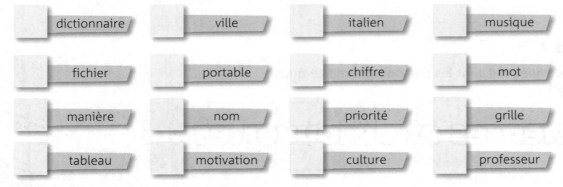

dictionnaire	ville	italien	musique
fichier	portable	chiffre	mot
manière	nom	priorité	grille
tableau	motivation	culture	professeur

B. Vérifiez le genre de ces mots dans un dictionnaire.

12. MOTS NOUVEAUX

A. Observez ces mots. Ils sont nouveaux, vous ne les connaissez pas. À partir de la forme du mot, indiquez s'ils sont masculins (**M**) ou féminins (**F**) puis écrivez l'article qui convient devant chaque mot.

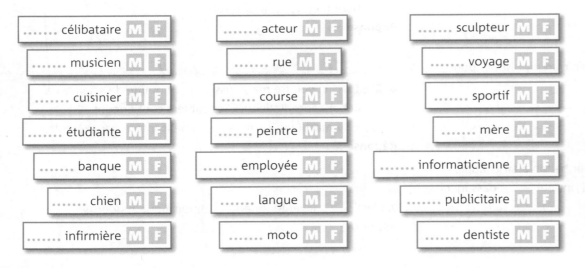

.... célibataire **M F**

.... musicien **M F**

.... cuisinier **M F**

.... étudiante **M F**

.... banque **M F**

.... chien **M F**

.... infirmière **M F**

.... acteur **M F**

.... rue **M F**

.... course **M F**

.... peintre **M F**

.... employée **M F**

.... langue **M F**

.... moto **M F**

.... sculpteur **M F**

.... voyage **M F**

.... sportif **M F**

.... mère **M F**

.... informaticienne **M F**

.... publicitaire **M F**

.... dentiste **M F**

vos stratégies ⊗

La fin d'un mot n'indique pas forcément le genre. C'est donc important d'apprendre le genre d'un nouveau mot.

B. Consultez un dictionnaire pour vérifier si vos réponses sont correctes et proposez une règle.

Les noms terminés par :	sont généralement **M** (masculins)	sont généralement **F** (féminins)	peuvent être **M** ou **F**
-e			
-eur			
-ion			
-té			
-ien			
-ère			

1. DÉFINIS OU INDÉFINIS ?

Complétez ces présentations et devinez qui sont les personnages de ce quiz. Vous pouvez vous aider d'Internet.

Quiz des sciences et découvertes

1. Avec Sergei Brin, c'est .... inventeur actuel. Ils ont inventé .... moteur de recherche très puissant et très moderne.

Réponse : ....

2. C'est .... scientifique mondialement connu. Il est .... auteur de .... célèbre formule E = MC².

Réponse : ....

3. C'est .... première femme à obtenir un prix Nobel pour ses travaux en physique.

Réponse : ....

4. Ce sont .... inventeurs du premier ballon à air chaud. .... coq, ... âne et .... canard ont été .... passagers du premier vol officiel.

Réponse : ....

5. Ce n'est pas .... scientifique mais son œuvre littéraire a certainement été .... première à mêler .... science, ... fiction et .... aventure.

Réponse : ....

6. C'est .... peintre mais aussi .... homme de science de .... Renaissance italienne. Ses cahiers contiennent .... croquis de machines, comme .... hélicoptère par exemple.

Réponse : ....

7. C'est .... inventeur de .... imprimerie moderne.

Réponse : ....

2. L'ÉTAT CIVIL

Piste 38

Écoutez cette conversation entre Pauline et Stéphanie et complétez les phrases avec l'information sur l'état civil de ces personnes.

célibataire   marié/mariée   divorcé/divorcée   veuf/veuve

- Nathalie est ....
- Françoise est ....
- Julien est ....
- Le grand-père de Pauline est ....
- Bruno est ....

3. DESCRIPTIONS INCOMPLÈTES

Ces descriptions sont incomplètes. Complétez-les avec les mots ci-dessous puis vérifiez vos réponses dans le *Livre de l'élève*, page 33.

veuve   est
gentille
études   aime
copains   ans
cuisinière   sortir

BARBARA PINCHARD

• Elle a soixante-neuf ....

• Elle est ....

• C' .... une dame très ....

• C'est une excellente ....

JEAN-MARC CUVELIER

• Il a dix-neuf ans.

• Il fait des .... de géographie.

• Il .... les grosses motos et .... avec ses ....

4. DIS–MOI QUI TU ES...

Complétez ces phrases avec l'adjectif qui convient.

> aimable   ambitieux   bavard   beau   bon   cultivé
> dynamique   excellent   jeune   poli   travailleur

• Si tu aimes les histoires criminelles, lis absolument les livres des romanciers suédois, ils sont ....

• Nos voisins disent toujours bonjour quand nous les croisons. Ils sont vraiment très ....

• Vladimir est photographe de mode. Il prend en photo les plus .... femmes du monde.

• Ma sœur et ses amies passent des heures à chatter ! Elles sont très ....

• Mon grand-père raconte toujours beaucoup d'histoires sur les voyages et les traditions de chaque pays. C'est un homme très ....

• Sophie est très .... : elle est toujours disponible pour aider les autres.

• Ils passent des heures et des heures à travailler pour gagner toujours plus. Ils sont .... et surtout très ....

• J'adore ce réalisateur. Ses films sont vraiment ....

• Les entreprises d'Internet ont la réputation d'être .... et ....

5. PETITES ANNONCES

Imaginez que vous décidez de passer une annonce pour trouver une jeune actrice et un surveillant. Complétez les deux annonces ci-dessous avec des adjectifs de la liste.

> LE MUSÉE
> DES ARTS ET MÉTIERS
>
> cherche
>
> **SURVEILLANT**
> bénévole pour les week-ends.
>
> **Caractéristiques recherchées :**

sympathique
travailleur
discret sérieux
paresseux timide
sociable aimable
indépendant
espiègle pédant
pessimiste
intelligent content
optimiste

**Groupe de théâtre amateur cherche
JEUNE ACTRICE pour une comédie.
Caractéristiques recherchées :**

6. CÉLÉBRITÉS

A. Complétez les colonnes avec la nationalité et la profession de ces personnages célèbres. S'il vous manque certaines informations, cherchez-les sur Internet.

Personnages célèbres	Nationalité	Profession
Jacques Séguéla	Français	Publicitaire
Björk		
Penélope Cruz		
Muhammad Yunnus		
Shakira		
Barack Obama		
Lionel Messi		
Stieg Larsson		
Amin Maalouf		
René Magritte		

B. Comme dans l'exemple, choisissez trois de ces personnages et écrivez un court texte de présentation. Vous pouvez rechercher des renseignements complémentaires sur Internet.

Jacques Séguéla est un publicitaire français. Il est né en 1934 à Paris, en France.

1. ....

   ....

2. ....

   ....

3. ....

   ....

7. JE SUIS NÉE À...

Piste 39

A. Écoutez ces personnes qui se présentent et écrivez leur nationalité dans le tableau.

Personnes	Nationalité
Gloria	Brésilienne

B. Pour vous entraîner à mieux faire la différence à l'oral entre masculin et féminin (quand on peut l'entendre), enregistrez vos réponses.

C. Choisissez trois autres personnages célèbres que vous aimez et présentez-les sur le même modèle.

1. ....

   ....

2. ....

   ....

3. ....

   ....

8. ET ÇA ?

Complétez ces dialogues avec les formes qui conviennent : **ça / lui / elle / c'est / il est / elle est**.

○ Qu'est-ce que .... ?
● Ça ? .... un livre de français.

○ .... qui ?
● Qui ? .... ? C'est notre professeur de français. .... vraiment génial.

○ .... quoi ?
● ...., ... un stylo.

○ Et ...., c'est qui ?
● .... la secrétaire de l'école de français. .... vraiment très gentille et efficace.

9. LES PROFESSIONS

A. Complétez cette liste avec des professions citées dans l'unité.
Indiquez leurs formes (masculin / féminin) et leur traduction dans votre langue.

Professions		Dans ma langue	
Masculin	**Féminin**	**Masculin**	**Féminin***
	traductrice		
peintre	peintre		
cuisinier			
architecte			
directeur			
journaliste			
	informaticienne		
professeur	professeure		
	infirmière		
couturier			
acteur	actrice		
	écrivaine		
	chanteuse		
	employée (de banque)		

B. Faites la liste des cinq professions les plus courantes dans votre entourage et cherchez leur nom en français.

dans un bureau... / dans un restaurant... / dans un hôpital... / dans une maison en construction...

*S'il existe une différence entre masculin et féminin.

10. CONJUGAISON ET NÉGATION

A. Complétez chacune des phrases avec l'un des verbes suivants conjugué à la personne qui convient.

étudier   être   travailler   étudier   être

1. Vous .... dans une banque suisse ?
2. Tu .... de Singapour ?
3. Erwan .... l'anglais avec un professeur irlandais ?
4. Vous .... d'origine espagnole ?
5. Ils .... les Beaux-Arts à l'université ?

B. Maintenant, écrivez à la forme négative les réponses aux questions précédentes.

1. ....
2. ....
3. ....
4. ....
5. ....

11. FICHE DE RENSEIGNEMENTS

Pensez à un homme et à une femme de votre entourage : membres de votre famille, amis, camarades, collègues... Complétez une fiche de renseignements sur le modèle de la première.

Nom : Le Bouquin
Prénom : Lætitia
État civil : célibataire
Âge : 30 ans
Profession : elle travaille dans une agence de voyages
Loisirs : cinéma, lecture
Caractère : dynamique et très bavarde
Lien avec vous : amie

Nom :
Prénom :
État civil :
Âge :
Profession :

Loisirs :
Caractère :
Lien avec vous :

12. VOYELLES NASALES

Piste 40 **A.** Écoutez et classez dans le tableau les mots ci-dessous en fonction de la nasale qu'ils contiennent.

allemande vin français italien étudiante oncle quinze brun canadien soixante trompette Laffont accordéon gens natation danser un ans

[ɛ̃] comme argent**in**	[ɔ̃] comme p**on**t	[ɑ̃] comme allem**and**	[œ̃] comme l**un**di

antisèche

En français, il y a quatre voyelles nasales. Pour commencer à différencier ces sons, écoutez d'abord ces quatre exemples prononcés par votre professeur : argent**in**, p**on**t, allem**and**, l**un**di.

B. Qu'est-ce que vous observez ? Commentez avec votre professeur.

Piste 41 **C.** Écoutez une liste de mots et indiquez quelle nasale vous entendez (attention, parfois il n'y a pas de nasales !).

	[ɛ̃]	[ɔ̃]	[ɑ̃]	[œ̃]	Pas de nasale
nom					
Justine					
peinture					
américain					
cent					
brun					
vingt					
américaine					
hein ?					
cinq					
bon					
vin					
brin					
voisin					
Justin					
main					
pain					
voisine					
un					

antisèche

Si je sais différencier les nasales des autres sons, je peux plus facilement savoir si le mot est masculin ou féminin.

13. D'HOMMES ET DE FEMMES

Piste 42 Écoutez les phrases suivantes et indiquez si l'on parle d'hommes, de femmes ou si l'on ne sait pas.

	Masculin	Féminin	On ne sait pas
1		X	
2			
3			
4			
5			
6			
7			
8			
9			
10			
11			
12			

14. DIFFÉRENTE OU IDENTIQUE ?

A. Voici une liste d'adjectifs. À gauche, la forme féminine ; à droite, la forme masculine. Indiquez dans le tableau si leur prononciation est différente ou si elle est identique.

Féminin	Masculin	=	≠
petite	petit		
polie	poli		
bonne	bon		
ambitieuse	ambitieux		
grosse	gros		

 B. Vous pourrez vous enregistrer après l'exercice et remettre le fichier à votre professeur.

vos stratégies ⊗

Pour connaître et prononcer la forme masculine, prenez la forme féminine et n'en prononcez pas la dernière lettre :
française /fʀɑ̃sɛz/ (fém.)
français /fʀɑ̃sɛ/ (masc.)

15. GOÛTS ET ACTIVITÉS

Complétez ce dessin avec des mots que vous avez appris dans cette unité.

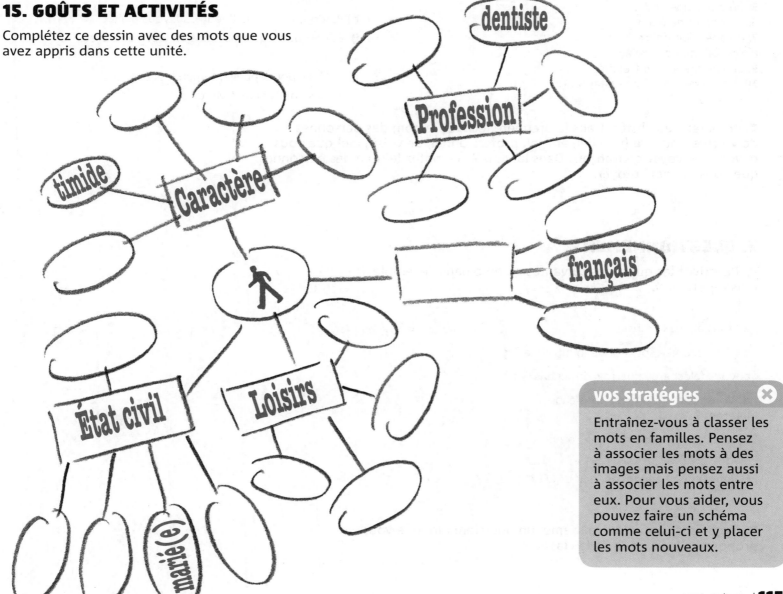

vos stratégies ⊗

Entraînez-vous à classer les mots en familles. Pensez à associer les mots à des images mais pensez aussi à associer les mots entre eux. Pour vous aider, vous pouvez faire un schéma comme celui-ci et y placer les mots nouveaux.

1. VOUVOYER OU TUTOYER ?

A. À votre avis, en France, vouvoyez-vous ou tutoyez-vous ces personnes dans les situations suivantes ?

Si vous parlez à...	vouvoyer	tutoyer
1. un vieux monsieur dans le métro bondé.		
2. un adulte de votre âge que vous ne connaissez pas.		
3. votre père ou votre mère.		
4. un vendeur dans une boutique de vêtements.		
5. un ami / une amie.		
6. un enfant de 6 ans.		
7. un agent de police.		
8. un collègue de travail.		
9. un camarade d'université.		
10. un serveur dans un restaurant.		

B. Associez chacune de ces phrases à l'une des personnes de l'activité **A**.

a) Excusez-moi, monsieur l'agent, la rue de Siam ? ....

b) Tu as remis ton dossier à Mme Hartog ? ....

c) Bonjour, je cherche un pantalon léger pour l'été. ....

d) Monsieur, prenez ma place ! ....

e) La carte des desserts, s'il vous plaît ! ....

f) Touche pas à ça, tu vas le casser ! ....

g) Est-ce que Sophie peut venir dîner à la maison demain ? ....

h) Pardon, vous avez l'heure, s'il vous plaît ? ....

i) Et pourquoi tu ne pars pas en week-end avec Laure ? ....

j) Si M. Dupont appelle, tu peux lui dire que je suis en réunion ? Merci. ....

C. Préparez deux listes. Dans la première, écrivez le nom des personnes de votre entourage (familial, amical, professionnel, de voisinage) que vous devriez **vouvoyer** en français. Dans la deuxième, notez le nom des personnes que vous devriez **tutoyer**.

2. QUESTIONNEMENT

A. Réécrivez les questions suivantes comme dans l'exemple puis répondez-y.

a. Vous aimez la musique ?	Aimez-vous la musique ?	Est-ce que vous aimez la musique ?
b. Vous écoutez souvent de la musique ?		
c. Vous téléchargez parfois des chansons ?		
d. Vous regardez souvent des clips sur Internet ?		
e. Vous achetez des chansons ou des albums en ligne ?		
f. Vous utilisez encore un lecteur CD ?		

B. Organisez, sur un autre thème, un questionnaire que vous proposerez à un élève de la classe.

3. INTERVIEW IMAGINAIRE

Piste 43

A. Écoutez les réponses fantaisistes de cette interview imaginaire de Cyrano de Bergerac puis cochez la question qui correspond à chaque réponse.

1. ☐ Quel est votre prénom ?
   ☐ Comment vous vous appelez ?

2. ☐ Quelle est votre date de naissance ?
   ☐ Quel est votre âge ?

3. ☐ Et vous êtes né à Bergerac, n'est-ce pas ?
   ☐ Et quelle est votre ville de naissance ?

4. ☐ Vous êtes marié ?
   ☐ Quel est votre état civil ?

5. ☐ Est-ce que vous avez une petite amie ?
   ☐ Comment s'appelle votre petite amie ?

6. ☐ Où est-ce que vous habitez ?
   ☐ Vous habitez à Paris ?

7. ☐ Quelle est votre profession ?
   ☐ Vous êtes militaire et écrivain ?

B. Renseignez-vous sur Cyrano de Bergerac et continuez cette interview fictive.

8. ....
....

9. ....
....

10. ....
....

4. PRÉSENTATION DE PERSONNAGES

Relisez les descriptions de Cyrano et de Roxane à la page 41, puis, sur le même modèle, écrivez un petit texte de présentation de deux personnages de votre choix.

5. FAIRE OU JOUER ?

Classez les activités de cette liste dans la colonne qui convient (certaines peuvent entrer dans les deux colonnes) et placez devant la préposition qui convient :
à la / à l' / au / aux / de la / de l' / du / des

saxo   tennis   danse   échecs   études   basket   anglais   poterie
batterie   billard   guitare   jazz   cartes   cinéma

Faire	Jouer

6. QUEL / QUELS / QUELLE / QUELLES

Piste 44

Une radio en ligne propose des interviews de fans d'artistes français. Aujourd'hui, c'est au tour des fans d'Olivia Ruiz de parler de la chanteuse française et des activités de leur club. Dans un premier temps, lisez les questions et complétez-les avec la forme de l'adjectif interrogatif qui convient ; puis écoutez le témoignage d'une fan pour répondre correctement aux questions.

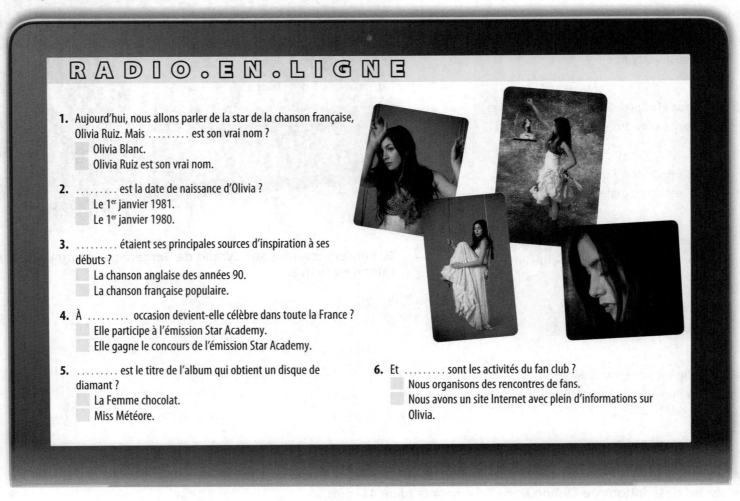

RADIO.EN.LIGNE

1. Aujourd'hui, nous allons parler de la star de la chanson française, Olivia Ruiz. Mais .... est son vrai nom ?
- Olivia Blanc.
- Olivia Ruiz est son vrai nom.

2. .... est la date de naissance d'Olivia ?
- Le 1er janvier 1981.
- Le 1er janvier 1980.

3. .... étaient ses principales sources d'inspiration à ses débuts ?
- La chanson anglaise des années 90.
- La chanson française populaire.

4. À .... occasion devient-elle célèbre dans toute la France ?
- Elle participe à l'émission Star Academy.
- Elle gagne le concours de l'émission Star Academy.

5. .... est le titre de l'album qui obtient un disque de diamant ?
- La Femme chocolat.
- Miss Météore.

6. Et .... sont les activités du fan club ?
- Nous organisons des rencontres de fans.
- Nous avons un site Internet avec plein d'informations sur Olivia.

7. LA CHANSON FRANÇAISE

A. Voici les chanteurs cités dans l'activité 10 de la page 46. Les connaissez-vous ? Imaginez des questions à poser à chacun pour mieux les connaître.

> Édith Piaf   Françoise Hardy   Georges Brassens
> Francis Cabrel   Renaud   Olivia Ruiz

B. À présent, relisez l'article « Le savez-vous ? », page 47, et proposez deux questions sur chacun des quatre aspects de la culture musicale française.

8. CINÉMA FRANÇAIS

A. Complétez cette interview à l'aide des verbes de la liste suivante conjugués à la forme qui convient.

adorer aimer avoir détester être
faire jouer s'appeler organiser

● Vous .... un fan de cinéma français, n'est-ce pas ?

○ C'est ça. J'................. les films français !

● Et vous .... l'impression que le cinéma français .... vraiment moderne ?

○ Mais bien sûr. J'................. bien le cinéma américain mais je pense que le cinéma français est moins superficiel.

● Vous ne pensez pas que vous c'................. une vision réductrice du cinéma américain ?

○ Attention, je ne .... pas les bons films américains. Et il y en a beaucoup ! Et beaucoup d'acteurs américains ....excellents. Ils .... vraiment très bien.

● Mais c'est parce que vous .... le cinéma français que vous organisez tous les ans un festival ?

B. Complétez ces tableaux à l'aide des formes de ces verbes présents dans le texte de l'activité **A**.

Faire	S'appeler	Être
je fais		
	il / elle s'appelle	il / elle est
nous faisons		
		vous êtes

○ C'est exact. Je .... partie d'un petit groupe de cinéphiles et tous les ans nous .... un cycle consacré au cinéma français d'aujourd'hui.

● Rappelons d'ailleurs à nos lecteurs le nom de ce cycle.

○ Bien entendu, ce cycle .... « Ciné français d'aujourd'hui ». Notre objectif .... de faire connaître un autre cinéma français, différent de ce cinéma de la Nouvelle Vague que tout le monde connaît.

9. LES GOÛTS ET LES COULEURS

Voici quelques activités. Classez-les en fonction de vos goûts et ajoutez d'autres activités.

faire le ménage   danser   naviguer sur Internet   aller en discothèque   sortir avec des amis
faire les courses   aller au restaurant   jouer au Monopoly   écouter de la musique

J'AIME

beaucoup ....

bien ....

pas trop ....

pas du tout ....

10. LES SONS [I], [Y] ET [U]

Piste 45

A. Écoutez et indiquez si vous entendez le son [i] comme dans « **si** », le son [u] comme dans « **sous** » ou le son [y] comme dans « **sur** ».

	[i]	[u]	[y]
1			
2			
3			
4			
5			
6			

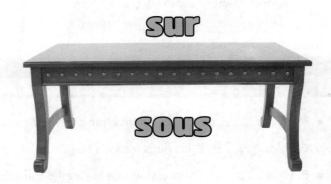

sur

sous

Piste 46

B. Vous allez entendre cinq séries de mots. Écoutez-les et indiquez, comme dans l'exemple, l'ordre dans lequel vous entendez les mots.

		[i]		[y]
a		riz	I	rue
b		dire		dure
c		mille		mule
d		pile		pull
e		riche		ruche

Piste 47

C. Vous allez entendre six séries de mots. Écoutez-les et indiquez, comme dans l'exemple, l'ordre dans lequel vous entendez les mots.

		[u]		[y]
a	I	roue		rue
b		boue		bue
c		boule		bulle
d		Louis		lui
e		doux		du
f		pou		pu

D. Cherchez dans cette unité cinq mots qui contiennent chacun des sons suivants.

[i] : ....
....

[u] : ....
....

[y] : ....
....

E. Lisez à haute voix les phrases suivantes puis écoutez l'enregistrement pour vous corriger.
Piste 48

- Tu aimes la musique ?
- Il possède une voiture, des lunettes et des skis.
- Tu as vu le dernier film de Liliane Dufour ?
- Tu m'attends dans la rue Saint-Hubert ?
- Julien, tu viens avec nous ?

vos stratégies ⊗

Écouter des chansons en français est une bonne façon de joindre l'utile à l'agréable. Aujourd'hui, grâce à Internet, c'est plus simple qu'avant. Vous pouvez ainsi avoir accès aux chansons qui vous plaisent vraiment et travailler de façon autonome plusieurs aspects de la langue sans perdre de vue l'objectif premier : prendre du plaisir à regarder et/ou écouter une chanson dont l'air, la musique, etc. vous plaisent avant même d'en comprendre les paroles.

11. APPRENDRE EN CHANSONS

Associez ces mots à leur définition.

Paroles ●   ● Chacune des parties du texte (chaque partie est coupée par celle qui se répète).
Refrain ●   ● Ensemble du texte d'une chanson.
Couplet ●   ● Partie du texte d'une chanson qui se répète.

12. CONNAISSEZ-VOUS DES CHANTEURS ?

Faites une liste de chanteurs (ou de groupes) qui chantent en français et que vous connaissez. Recherchez sur Internet un site qui présente ce chanteur (ou groupe) et ce qu'il fait (paroles de chansons et vidéo, etc.). Vous pouvez aussi rechercher des informations sur les chanteurs de la rubrique **Regards croisés,** page 46.

vos stratégies ⊗

Vous connaissez certainement des chanteurs (ou chanteuses ou des groupes) qui chantent en français ! N'oubliez pas qu'il existe des sites encyclopédiques comme Wikipédia ou les sites officiels de ces artistes qui peuvent vous aider. Si vous ne connaissez ni le titre d'une chanson ni le nom du chanteur, vous pouvez essayer de retrouver la chanson à partir de mots-clés que vous comprenez.

13. ÉCOUTEZ LA CHANSON

Écoutez une chanson que vous aimez sans lire les paroles. Notez les mots que vous pensez avoir identifiés. Ne vous inquiétez pas de l'orthographe. Puis, comparez vos notes aux paroles (généralement disponibles sur Internet).

vos stratégies ⊗

Si la chanson est longue, concentrez-vous, par exemple, sur le refrain. Essayez de le comprendre (éventuellement à l'aide d'un dictionnaire) puis de le chanter ! C'est un excellent exercice pour améliorer l'intonation et la prononciation de la langue, ainsi que pour essayer de vaincre la peur de se lancer à l'oral.

14. LES PAROLES

Recopiez ici les paroles ou un extrait de la chanson avec laquelle vous avez fait cette activité.

1. BON VOYAGE !

A. Lisez ces deux offres de voyages. À votre avis, parmi les personnes ci-dessous, quel voyage peut intéresser chacune d'elles ?

1

OFFRE DE VOYAGE

SOLEIL LEVANT

GRANDES CAPITALES EUROPÉENNES

Londres, Berlin et Rome
15 jours

A/R en avion depuis Paris et Lyon
Déplacements en autocar et en train
Hôtels de 3 et 4 étoiles
Guides spécialisés

2

VENEZ À LA MONTAGNE !

- Une semaine en pleine nature
- Auberges de montagne et campings
- Randonnées à vélo
- Tarifs spéciaux pour les familles

Anne-Marie

Gérard

Justine

Éric

Julie

B. Pour vérifier vos hypothèses, écoutez les dialogues et indiquez le numéro de l'annonce qui convient le mieux à chacun.

Piste 49

C. À partir de vos réponses, écrivez une courte phrase pour justifier le choix de chaque personne.

1. ....
2. ....
3. ....
4. ....
5. ....

2. LE TEMPS QU'IL FAIT

A. Entourez la ou les réponses qui conviennent.

- Quand il fait beau...
  le ciel est dégagé / couvert / nuageux / gris / bleu / clair.

- Quand il fait froid...
  les températures sont basses / élevées / stables.

- Quand il fait chaud...
  les températures sont basses / élevées / stables.

- Quand il pleut...
  le ciel est couvert / gris / nuageux / dégagé.

- Quand il pleut on prend...
  un parapluie / une casquette / un bonnet / un imperméable.

- Quand il neige...
  on prend un parapluie / une casquette / un bonnet / des bottes.

B. Écrivez quelques phrases pour décrire le temps qu'il fait chez vous aujourd'hui.

1. ....
2. ....
3. ....
4. ....
5. ....

3. ILS AIMENT VOYAGER

A. Et eux, comment aiment-ils voyager ? Observez les images et
écrivez un court texte.

Mauro et Marco ....

....

....

Anne et Franck ....

....

....

Richard ....

....

....

Daniel, David et Sarah ....

....

....

B. Et vous ?

....

....

....

....

....

4. J'AIME BEAUCOUP

Classez dans le tableau les éléments de la liste en fonction de vos préférences. Vous pouvez compléter le tableau avec d'autres éléments qui ne sont pas dans la liste.

découvrir des pays différents / manger des plats différents / les discothèques / le cinéma / les plages désertes / l'Histoire / la musique classique / faire du sport / naviguer sur Internet / apprendre des langues / travailler / la politique / lire / le jazz

++ j'aime beaucoup	+ j'aime bien	- je n'aime pas beaucoup	-- je n'aime pas du tout

5. VERBES ET PHRASES

A. Retrouvez le verbe qui correspond à chaque phrase. N'oubliez pas de conjuguer les verbes !

avoir envie / aimer / jouer / faire / avoir / préférer / jouer / pratiquer

- Romain .... de la flûte.
- Julien .... des vacances en août.
- Claire .... la danse.
- Brice .... du football.
- Aurélien .... de faire du vélo.
- Gaëlle .... de la guitare.
- Océane .... les vacances à la plage.
- Catherine .... le chocolat.

B. Vous avez les mêmes goûts que vos parents et ou d'autres personnes de votre entourage. Dites lesquels.

avoir envie / aimer / jouer / faire / avoir / préférer / pratiquer

- Mon père et moi, nous aimons la pêche.
- Ma mère et moi, nous ....
- Tout le monde dans ma famille ....
- ....
- ....

6. UNE RÉDACTION

A. Voici la rédaction d'un élève d'un cours de français. Il décrit son quartier. Complétez son texte avec les noms suivants et avec les articles indéfinis qui conviennent.

collège / commerces / école / espace vert / lycée / médiathèque / petit cinéma / pizzeria / petites terrasses / restaurant / salle de sport

Andreja Frohlich
1re année de français
Berlin

Mon quartier
Dans mon quartier, il y a .... de toute sorte : épicerie, boucherie, boulangerie, etc. Il y a aussi ...., c'est pratique pour conserver la forme. Mais il n'y a pas .... pour les enfants non plus, et il n'y a pas ...., nous sommes obligés d'aller au centre-ville pour emprunter des livres ou des magazines. Il y a aussi .... primaire et .... mais il n'y a pas .... pour les plus grands. Si on veut sortir le soir, il y a .... sur la place principale et on peut même aller voir un film, parce qu'il y a .... de quartier. Il y a ...., mais pas .... Heureusement qu'il y a le marchand de kébabs !

B. À votre tour de faire une petite description de votre quartier ou d'un quartier que vous connaissez.

7. MOI AUSSI

Observez bien ces formes pour exprimer l'accord et le désaccord. Comment pouvez-vous les employer ?

moi aussi / moi non plus / moi non / moi si

☺ Je veux connaître l'Auvergne.
☺ Moi aussi.
☹ ....

☹ Je n'ai pas de vacances en août.
☺ ....
☹ ....

☺ J'adore le théâtre.
☺ ....
☹ ....

☹ Je n'aime pas du tout le golf.
☺ ....
☹ ....

8. UN PEU DE GÉOGRAPHIE

A. Citez deux noms de pays qui ne respectent pas la règle de la présence obligatoire de l'article défini (**le, la, les**) devant les noms de pays.

• ....

• ....

B. Citez deux pays de chaque région géographique.

• Amérique du Nord : ....

• Amérique centrale : ....

• Amérique du Sud : ....

• Europe : ....

• Afrique du Nord : ....

• Afrique subsaharienne : ....

• Asie : ....

• Moyen-Orient : ....

C. Complétez ce test et vérifiez vos connaissances du monde francophone.

❶ Où se trouve la base de lancement de la fusée européenne Ariane ?
☐ À Haïti   ☐ Guyane   ☐ Sénégal

❷ Quel pays d'Afrique a pour capitale Dakar ?
☐ Sénégal   ☐ Bénin   ☐ Côte d'Ivoire

❸ En Europe, on parle français en France et...
☐ Luxembourg, Belgique et Liechtenstein.
☐ Italie, Luxembourg, Suisse et Belgique.
☐ Suisse, Belgique et Luxembourg.

❹ Si on fait du ski dans les montagnes de l'Atlas, on se trouve...
☐ Tunisie.   ☐ Maroc.   ☐ Canada.

❺ Parmi ces pays méditerranéens, lequel a pour symbole un arbre ?
☐ Algérie   ☐ Tunisie   ☐ Liban

❻ Si on vous propose de manger un couscous, vous êtes...
☐ Algérie   ☐ Cuba   ☐ Vietnam

❼ Saint-Denis est la préfecture d'une île située dans l'océan Indien. Elle se trouve...
☐ La Réunion   ☐ Guadeloupe   ☐ Corse

❽ Où se trouve la statue du Manneken-Pis ?
☐ Suisse   ☐ Luxembourg   ☐ Belgique

• Si vous avez entre 6 et 8 bonnes réponses, vous êtes vraiment un champion de la francophonie.
• Si vous avez entre 4 et 6 bonnes réponses, vous avez des connaissances du monde francophone mais vous devez les réviser.
• Si vous avez moins de 4 bonnes réponses, il est temps de commencer à vous renseigner sur les pays où l'on parle français !

9. JE OU ON ?

Complétez ces phrases avec le verbe et la personne (**je / on**) qui conviennent.

> voyager   se reposer   prendre   conseiller
> aller   être   partir   utiliser

• Le passeport est nécessaire si .... à l'étranger.

• Pendant les vacances, ... dans ma maison de campagne.

• Quand j'achète un billet d'avion, ... aussi une assurance.

• Pour éviter des surprises à l'arrivée à l'hôtel, ... aux voyageurs de bien se renseigner avant le départ.

• Plus personne n'achète ses billets dans une agence, maintenant .... sur Internet pour les acheter.

• Quand .... étudiant, il existe des offres spéciales pour voyager à bas prix.

• Normalement, quand je pars en vacances, ... à la montagne.

• Les guides touristiques sur papier vont-ils disparaître ? En tout cas, ... de plus en plus de guides en ligne.

10. LES MOIS DE L'ANNÉE

Donnez votre date de naissance, la saison qui correspond et votre signe astrologique.

Bélier (21/03-20/04)	Balance (22/09-22/10)
Taureau (21/04-20/05)	Scorpion (23/10-21/11)
Gémeaux (21/05-21/06)	Sagittaire (22/11-20/12)
Cancer (22/06-22/07)	Capricorne (21/12-19/01)
Lion (23/07-22/08)	Verseau (20/01-18/02)
Vierge (23/08-21/09)	Poisson (19/02-20/03)

Moi, je suis née le 15 juillet 1983 ; je suis née en été et je suis cancer. Et toi ?

antisèche

Les mois de l'année sont : janvier, février, mars, avril, mai, juin, juillet, août, septembre, octobre, novembre et décembre.

11. LES ACCENTS SUR LE E : ACCENT GRAVE / ACCENT AIGU

A. Cherchez les mots demandés.

1. Cherchez dix mots qui ont un accent aigu sur la première syllabe.

évasion,

2. Cherchez dix mots qui ont un accent aigu sur la dernière syllabe.

musées,

3. Cherchez cinq mots qui ont un accent grave sur l'avant-dernière syllabe.

matière,

B. Enregistrez les mots de ces trois listes.

C. Écoutez ce document audio et placez les accents sur les **e** en gras.

Piste 50

- ils pr**e**f**e**rent
- activit**e**s pr**e**f**e**r**e**es
- mati**e**re
- ses mus**e**es
- d**e**couverte
- rues pi**e**tonni**e**res
- l'atmosph**e**re
- la rivi**e**re

- des randonn**e**es
- la premi**e**re
- **e**quipe
- une discoth**e**que
- c**e**l**e**bre
- en **e**te
- Eug**e**ne

12. COMPRENDRE DES ANNONCES

A. Observez ces documents. Ils vont vous être utiles pour la tâche finale de cette unité. Pouvez-vous dire quel type de vacances ces documents annoncent ?

..... aventure ..... à la campagne ..... culturelles ..... exotiques

1

GROSPIERRES

**Grospierres est un village médiéval transformé en village de vacances.
Ici, tout est pensé pour votre bien-être !**
Vous faites du sport ? Vous voulez être au calme ? Vous aimez la nature ? Ici, il y a tout ce que vous cherchez !

Équipements : Restaurant gastronomique, court de tennis, piscine, hôtel trois étoiles, camping, gîtes ruraux, locations meublées.

À proximité : Le festival de jazz des Vans, le festival de musique classique de Labeaume et la fête du vin à Ruoms en août. Les grottes de la Basse Ardèche (la grotte Chauvet). Des activités de plein air dans les gorges de l'Ardèche : canoë-kayak, spéléologie…

4

Découvrez l'île de la Réunion !

Aux portes du Sud Sauvage, l'hôtel **Les Palmes** constitue un point de départ idéal pour les plus belles randonnées de la région.

ADRESSE DE L'HÔTEL :
10 allée des Lataniers
GRANDS BOIS
97410 ST-PIERRE
Pour réserver :
Tél. : 0267 31 14 60

SITUATION :
Situé à 10 minutes de la plage, l'hôtel **Les Palmes** se trouve à environ 2 heures de l'aéroport Roland Garros de Saint-Denis.

HÉBERGEMENT :
30 chambres climatisées réparties autour de la piscine, dans un jardin exotique.
20 bungalows tout confort, aménagés pour 4 à 6 personnes. Accès direct à une plage privée.

RESTAURATION :
Restaurant, crêperie, bar-pizzeria.

AUTRES SERVICES :
Discothèque, grande piscine extérieure, centre de fitness, sauna, salon de coiffure, minigolf.

2

BRUXELLES

De très nombreux hôtels, chambres d'hôtes et logements d'écotourisme pour vivre la magie de la capitale européenne.

Les attractions incontournables
• L'Atomium.
• Le Parlement européen.
• Le musée Magritte.

Les activités pour toute la famille
• Le musée des Sciences naturelles.
• Le Centre belge de la Bande dessinée.
• L'Aquarium public de Bruxelles.
• Le Planétarium.

Le monde des saveurs
• Le musée Schaerbeekois de la Bière.
• Le musée du Cacao et du Chocolat.
• La Maison des Maîtres Chocolatiers belges.

La vie nocturne
• Les terrasses de la place Saint-Géry et le quartier Saint-Jacques.
• Saint-Boniface : le quartier des restaurants.
• Ixelles : le quartier universitaire et ses cafés ouverts tard.
• Haut-de-ville : les salles de cinéma, les cafés chic et les boîtes de nuit.

3

Faites de l'accrobranche dans les Pyrénées !

À côté de la Réserve nationale d'Orlu, nous vous proposons des parcours-aventure d'un arbre à l'autre.

Pour les amateurs de sensations fortes !
Vous pouvez aussi vous détendre à la terrasse de notre chalet.

SITUATION
À 1h30 de Toulouse

HÉBERGEMENT
Camping municipal d'Orlu ★★★
Tél. : 05 68 44 93 72
Pour les adresses d'auberges et de refuges, consultez notre site.

ACTIVITÉS COMPLÉMENTAIRES
• Canyoning sur la rivière Oriège
• Visite de l'Observatoire de la montagne aux Forges d'Orlu
• Visite de la Maison des loups aux Forges d'Orlu
• Visite du haras des Bésines à Orgeix

B. Pour trouver cette information, …

☐ vous lisez tout le texte.

☐ vous lisez seulement une partie du texte.

☐ vous faites seulement attention aux images.

☐ vous faites essentiellement attention aux images et un peu au texte.

C. Identifier rapidement le type de texte permet de mieux comprendre…

☐ le message qu'il transmet sans devoir comprendre tous les mots.

☐ tous les mots.

☐ le lexique employé (lexique en contexte).

6 SOIRÉE À THÈME

1. TU FAIS QUOI CE SOIR... ?

Complétez ces dialogues à l'aide d'un article défini ou d'un adjectif démonstratif, selon le contexte. Les deux sont parfois possibles.

- Tu fais quoi ..*le*.. soir, après dîner ?
- ○ Ça dépend. En général, je vais un peu sur Internet avant d'aller me coucher.
- Et tu ne regardes pas la télé ?
- ○ Non, jamais.

- Dis, tu fais quoi ..... soir, après dîner ?
- ○ Rien de spécial. Si tu veux, on peut aller au cinéma.
- Parfait ! À tout à l'heure !

- Regarde comme elles sont belles, ... chaussures !
- ○ Trop cool ! Demande à ..... vendeuse combien elles coûtent.

- Tu vas à ..... fête de Sophie samedi ?
- ○ Peut-être, ça dépend car j'ai beaucoup de travail ..... jours-ci.

- Tu vois ..... vendeuse ?
- ○ Euh... Oui ?!
- Eh bien, c'est la sœur de Florian.

- ..... été, nous allons passer les vacances au Maroc.
- ○ Vous allez avoir chaud, non ?
- C'est vrai mais heureusement ..... année, il fait moins chaud que d'autres années.

antisèche

Devant un nom masculin singulier, j'emploie l'adjectif démonstratif **ce**, mais si ce nom masculin singulier commence par une voyelle, j'emploie **cet**.
Devant un nom féminin singulier, j'emploie l'adjectif démonstratif **cette**.
Au pluriel, dans tous les cas, l'adjectif démonstratif est **ces**.

2. UN OU PLUSIEURS ?

A. Écoutez l'enregistrement et dites si la personne désigne un ou plusieurs objets ou personnes.

Piste 51

	1	2	3	4	5
un objet / une personne					
plusieurs objets / personnes					

antisèche

Avant d'écouter le document, observez les photos et dites le nom des objets en français. Si vous ne les connaissez pas, cherchez-les dans un dictionnaire. Cette information vous sera utile pour réaliser plus facilement l'activité.

1
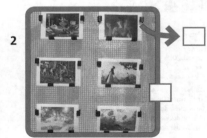

2

3

4

5

B. Réécoutez l'enregistrement et sélectionnez l'objet ou les objets cités.

Piste 51

3. ON OU NOUS ?

Que représente **on** dans ces phrases ?

	Nous	Impersonnel
• Sabine et moi, on va à la piscine demain. Tu viens ?	☐	☐
• En France, on apporte des fleurs ou un gâteau quand on est invité chez quelqu'un.	☐	☐
• Au Québec, on parle français.	☐	☐
• On achète quoi à Nadia pour son anniversaire ?	☐	☐
• On parle français Peter et moi parce que mon anglais est très mauvais.	☐	☐

	Nous	Impersonnel
• En France, on mange beaucoup de fromage.	☐	☐
• Pardon monsieur, on peut payer par carte ?	☐	☐
• On habite une petite maison près de la côte.	☐	☐
• Est-ce qu'on roule à gauche en France ?	☐	☐
• On fait une pause ou tu préfères continuer ?	☐	☐

4. LES COMMERCES DE LA VILLE

A. Associez les commerces de la ville aux produits qu'ils vendent.

- boucherie
- boulangerie
- épicerie
- librairie-papeterie
- pâtisserie
- pharmacie
- poissonnerie

- croissants
- dorade
- eau
- farine
- fruits
- fruits de mer
- gomme
- guide touristique
- livre de recettes
- magazine
- médicaments
- pain
- roman
- stylos
- tarte aux pommes
- viande de bœuf

B. Connaissez-vous le nom des professionnels qui travaillent dans les commerces de l'activité **A** ?

Dans un commerce, une personne qui vend est un vendeur ou une vendeuse.

Plus spécifiquement, la personne qui travaille dans…

une boulangerie est un .... ou une ....
une pâtisserie est un .... ou une ....
une pharmacie est un .... ou une ....
une librairie est un .... ou une ....
une poissonnerie est un .... ou une ....
une boucherie est un .... ou une ....
une épicerie est un .... ou une ....

C. Faites une liste des commerces de votre quartier ou de votre ville et expliquez ce que vous achetez dans ces commerces.

À la boulangerie de mon quartier, j'achète des croissants.

....
....
....
....
....
....
....

5. CONVERSATIONS DE COMMERCE

Complétez ces mini-dialogues avec les articles manquants (**définis, indéfinis** ou **partitifs**) et indiquez le commerce où ils se tiennent.

1
- ● Bonjour, est-ce que vous avez .... pommes de terre ?
- ○ Bien sûr. Combien vous en voulez ? .... kilo ?
- ● Et .... sauce piquante ?
- ○ Désolé, je n'ai plus .... sauce piquante mais j'ai .... sauce tomate normale.

Lieu de la conversation : ....

2
- ● Bonjour.
- ○ Bonjour, madame. Vous désirez ?
- ● Je voudrais .... baguette pas trop cuite et .... croissants.
- ○ Oh, je n'ai pas .... croissants mais j'ai .... pains au chocolat, si vous voulez.
- ● Ah, d'accord, c'est parfait.

Lieu de la conversation : ....

3
- ● Bonjour, je cherche .... chemise pour mon mari.
- ○ Oui… Alors pour .... chemises, vous devez demander à la vendeuse en bleu, là-bas.
- ● Ah parfait. Et je voudrais aussi acheter .... chaussures…
- ○ Désolé, mais nous ne vendons pas .... chaussures. Vous pouvez aller dans la boutique qui est à côté.

Lieu de la conversation : ....

4
- ● Bonjour, j'ai .... mal de tête terrible et je n'ai pas .... aspirine à la maison.
- ○ Ne vous inquiétez pas, mademoiselle. Tenez, voici .... boîte de cachets d'aspirine. Désirez-vous autre chose ?
- ● Oui, je voudrais aussi .... pansements : je me suis fait une coupure.

Lieu de la conversation : ....

5
- ● Bonjour, je cherche .... livre sur les plantes médicinales.
- ○ Bien sûr, monsieur. Vous allez trouver ça au premier étage, au rayon Médecine.
- ● Et est-ce que vous vendez aussi .... livres en langue étrangère ?
- ○ Nous avons .... petit rayon près de la caisse : il y a .... titres en anglais et en espagnol.

Lieu de la conversation : ....

6
- ● Bonjour, ... kilo de viande hachée, s'il vous plaît.
- ○ Tout de suite, monsieur. Et avec ça ?
- ● Vous avez .... langue de bœuf ?
- ○ Non, désolé.
- ● Alors ce sera tout pour aujourd'hui.

Lieu de la conversation : ....

6. POUR ACHETER…

Complétez ces phrases avec les mots de la liste qui conviennent, selon le modèle proposé.

agence immobilière   bureau de tabac
coiffeur   poste   ~~boucher~~   docteur
épicier   garage   pharmacie
poste   supermarché

- Pour acheter de la viande, on peut aller *chez le boucher*.
- Pour acheter des timbres, vous pouvez aller .... ou ....
- Pour acheter un médicament, on peut aller ....
- Pour louer une chambre ou un appartement, on peut aller ....
- Pour envoyer un paquet à l'étranger, il faut aller ....

- Pour faire de grosses courses, on va .... mais si on a oublié d'acheter des œufs ou un litre de lait, on peut tout simplement aller ....
- Pour se faire couper les cheveux, on peut aller ....
- Si je me sens mal, je vais ....
- Si votre voiture tombe en panne, vous pouvez l'amener

7. LES HORAIRES EN FRANCE

A. Lisez ce petit article sur les habitudes horaires en France puis complétez les phrases.

Les horaires en France

Les jours de travail, on se lève tôt, vers six ou sept heures. Normalement, on prend un petit-déjeuner avant de partir. Dans les bureaux, on commence à travailler entre huit heures et huit heures et demie. Dans les commerces et les services, on commence à neuf heures, parfois à neuf heures et demie.

Il y a souvent une pause entre midi et quatorze heures mais, dans les grandes villes, les commerces ne ferment généralement pas. Beaucoup de Français rentrent chez eux pour déjeuner. D'autres prennent un plat du jour dans un petit restaurant du quartier où ils travaillent. La journée de travail s'arrête à dix-sept heures ou dix-huit heures. Les commerces ferment plus tard, souvent vers dix-huit heures trente ou dix-neuf heures.

Les enfants mangent souvent quelque chose après l'école, à seize heures trente. C'est le goûter.

On dîne normalement entre dix-neuf heures et vingt heures. Dans les restaurants, surtout en dehors de Paris et des très grandes villes, on ne peut pas dîner après vingt et une heures trente ou vingt-deux heures.

En semaine, les Français se couchent de plus en plus tard, vers vingt-trois heures et même minuit ! Le week-end, c'est différent parce qu'ils aiment sortir en famille ou avec leurs amis. Et là, ils oublient leur montre !

Les horaires des repas

Les Français prennent leur petit-déjeuner vers ....

Ils déjeunent entre ....

Les adultes ne prennent pas de goûter vers ...., mais les enfants ne le manquent jamais.

Généralement, le dîner est servi vers

....

Les horaires de travail

Dans les bureaux, on commence vers .... et on finit vers

....

Dans les commerces, on ouvre vers .... et on ferme vers .... Il y a souvent une pause entre .... et .... pour le déjeuner.

B. Expliquez, dans un petit texte, les horaires de repas et de travail de votre pays.

....

....

....

8. À QUELLE HEURE... ?

Piste 52

Écoutez ces documents et cochez l'heure qui convient.

- ☐ 8h30   ☐ 18h30   ☐ 20h30
- ☐ 2h   ☐ 20h   ☐ 22h
- ☐ 10h   ☐ 13h   ☐ 15h
- ☐ 4h15   ☐ 14h15   ☐ 14h45
- ☐ 13h24   ☐ 3h24   ☐ 2h24
- ☐ 16h40   ☐ 17h40   ☐ 18h40
- ☐ 10h   ☐ 20h   ☐ 21h
- ☐ 19h30   ☐ 20h30   ☐ 21h30
- ☐ 9h15   ☐ 10h15   ☐ 21h15

9. FUTUR PROCHE OU PRÉSENT ?

Lisez ces dialogues et choisissez la forme verbale qui convient le mieux.

> j'achète / je vais acheter
> je vais / je vais aller
> on fait / on va faire
> on mange / on va manger
> tu tombes / tu vas tomber

- ● Tu vas où cette année en vacances ?
- ○ Moi, ... en Écosse.

- ● Regarde, je marche les yeux fermés !
- ○ Oui mais fais attention sinon .... !

- ● Quelle chaleur !
- ○ Tu as raison. Écoute, ... une glace. Tu en veux une ?

- ● Je peux venir avec vous ?
- ○ Si tu veux. .... les courses.

- ● Vous mangez à quelle heure d'habitude ?
- ○ Nous, ... à midi.

10. LES SONS [s] ET [z]

Piste 53

A. Pour bien prononcer le [s], imitez un serpent. Écoutez et répétez cette phrase :

- Lucile sort sans son sac.

antisèche

En français, la différence entre [s] et [z] est importante. Il ne faut pas confondre **le désert** et **le dessert** ni **le poisson** et **le poison** !

Piste 54

B. Écoutez et mettez une croix quand vous entendez le son [s].

1.
2.
3.
4.

5.
6.

antisèche

Rappel ! En règle générale, le **s** en fin de mot ne se prononce pas. Il y a, bien sûr, des exceptions. Ce sont souvent des mots empruntés à d'autres langues, comme **couscous** (mot d'origine arabe).

Piste 55

C. Pour bien prononcer le [z], imitez la mouche. Écoutez et répétez cette phrase.

- Isabelle et Lise adorent Zidane.

antisèche

Le [z] apparaît dans les liaisons :
- entre les articles **des** / **les** et le nom quand celui-ci commence par une voyelle, comme **des enfants** / **les animaux** ;
- entre un pronom sujet pluriel et un verbe qui commence par une voyelle. Par exemple : **Ils habitent à Lyon** / **Elles aiment le chocolat**.

Piste 56

D. Écoutez et mettez une croix quand vous entendez le son [z].

1.
2.
3.
4.
5.
6.

11. LES SONS [ʃ] ET [ʒ]

 Piste 57 **A.** Vous allez entendre douze mots. Écoutez-les et indiquez si vous entendez le son [ʃ], comme dans **chien** ou le son [ʒ], comme dans **jeune**.

	[ʃ] de *chien*	[ʒ] de *jeune*
1		
2		
3		
4		
5		
6		
7		
8		
9		
10		
11		
12		

Un chiot, c'est un jeune chien.

 Piste 58 **B.** Vous allez entendre six séries de deux mots.
Écoutez-les et indiquez l'ordre dans lequel vous entendez les mots.

1.	joie		choix
2.	Jacques		chaque
3.	Roger		rocher
4.	bouche		bouge
5.	chou		joue
6.	j'ai		chez

C. Nous allons maintenant voir comment s'écrivent ces deux sons.

Son	Graphie	Exemple
[ʃ]	**ch** ou **sch** **sh**	*champagne* ou *schéma* *shampoing*
[ʒ]	**j** **ge** + a / **ge** + o / **ge** + u **g** + e / **g** + i	*je* *mangeons* / *Georges* / *gageure* *genou* / *girafe*

12. GESTES TYPIQUES

A. Voici quelques gestes typiques que font les Français. Est-ce que vous pouvez les identifier ?

1 Mon œil !

2 Passer sous le nez.

3 Ras-le-bol !

4 Ferme-la (vulgaire) !

5 La barbe ! / C'est rasoir !

6 C'est super !

B. Est-ce que vous avez les mêmes gestes dans votre culture ? Ont-ils la même signification ? Est-ce que vous en connaissez d'autres que font les Français ?

vos stratégies ⊗

Pour comprendre une conversation, il n'y a pas que les mots : les gestes aussi sont importants.

Vous avez pu voir dans cette activité que la position des mains exprime des idées très précises.

Ces gestes qu'on utilise en français ne signifient pas toujours la même chose d'une culture à l'autre.

ENTRAÎNONS-NOUS AU DELF A1

LE DELF A1

Dans ces pages, vous allez vous préparer au Diplôme d'Études de Langue Française niveau A1. Il s'agit d'un examen simple qui va évaluer vos premières compétences en français dans des contextes de la vie quotidienne.

Pour commencer, nous allons faire connaissance avec les différentes épreuves qui composent l'examen, leur durée et le barème de notation.

DELF A1					
Nature des épreuves	Durée	Note sur	Nature des épreuves	Durée	Note sur
Compréhension de l'oral (CO)			Production écrite (PE)		
Répondre à des questionnaires de compréhension portant sur 3 ou 4 très courts documents enregistrés ayant trait à des situations de la vie quotidienne (2 écoutes).	20 min	25 points	Épreuve en deux parties : - compléter une fiche, un formulaire ; - rédiger des phrases simples (cartes postales, messages, légendes, etc.) sur des sujets de la vie quotidienne.	30 min	25 points
Compréhension des écrits (CE)			Production orale (PO)		
Répondre à des questionnaires de compréhension portant sur 4 ou 5 documents écrits ayant trait à des situations de la vie quotidienne.	30 min	25 points	Épreuve en trois parties : - entretien dirigé ; - échange d'informations ; - dialogue simulé.	5 à 7 min *(plus 10 min de préparation)*	25 points
Note totale					
Seuil de réussite pour obtenir le diplôme : 50/100 Note minimale requise par épreuve : 5/25 Durée totale des épreuves collectives : 1 h 20					100 points

Le DELF A1. Compréhension de l'oral (CO)

Dans cette épreuve, vous allez écouter trois ou quatre petits documents sur des sujets de la vie quotidienne (se présenter, présenter ses goûts, donner un numéro de téléphone, etc.) et vous allez remplir avec des croix ou des chiffres des questionnaires de compréhension générale.

CO-1

Piste 59

A. Vous écoutez deux fois un document (vous avez 30 secondes de pause entre les deux écoutes). Lisez d'abord les questions. Cochez (X) la bonne réponse ou écrivez l'information demandée.

- Virginie se présente. Comment s'écrit son nom ? ■ ROSE   ■ ROSÉE   ■ ROZÉE
- Quel est son âge ? .... ans

B. Vous écoutez deux fois un document (vous avez 30 secondes de pause entre les deux écoutes). Lisez d'abord les questions. Cochez la bonne réponse ou écrivez l'information demandée.

Piste 60

• Sergio apprend le français...

    ☐ parce qu'il veut travailler en France.

    ☐ parce qu'il aime la culture française.

    ☐ on ne sait pas.

• Son numéro de téléphone, c'est le...
    01 45.......... 75 ....

C. Vous écoutez deux fois un document où Paulo se présente (vous avez 30 secondes de pause entre les deux écoutes). Lisez d'abord les questions. Cochez la bonne réponse.

Piste 61

• Paulo aime....

• Il connaît...

    ☐ la Russie
    ☐ la Suisse
    ☐ la Suède
    ☐ l'Autriche
    ☐ l'Australie

CO-2. Vous allez entendre deux fois plusieurs petites présentations (**a, b, c, d**). Indiquez à quelle image correspond chacune d'elles. Attention, il y a cinq images, mais seulement quatre présentations.

Piste 62

CO-3. Vous allez écouter deux fois quatre petits dialogues. Après, cochez la (ou les) bonnes(s) réponse(s). Lisez d'abord les questions.

Piste 63

1. Quel est le conseil du médecin ?

- Dormir plus.
- Manger moins.
- Faire du sport.
- Travailler moins.
- Prendre des vacances.

2. Quel est le problème de Sylvie ?

- Son bébé ne dort pas bien.
- Elle mange trop.
- Elle travaille trop.
- Elle n'arrive pas à maigrir.
- Elle dort mal.

3. Quel est le problème de Christophe ?

- Il n'est pas en forme.
- Il ne sait pas quoi faire.
- Il n'est pas assez actif.
- Il mange trop.
- Il travaille trop.
- Il dort mal.

4. Quel est le conseil du médecin ?

- Regarder la télévision.
- Manger plus.
- Avoir des activités physiques.
- Se coucher tôt.
- Travailler moins.

Le DELF A1. Compréhension des écrits (CE)

Dans cette épreuve, vous allez lire trois ou quatre documents très courts sur des sujets de la vie quotidienne (des petites annonces, un courriel, des horaires, etc.) et vous allez remplir des questionnaires de compréhension générale.

CE-1. Demain, vous voulez vous inscrire dans un club de sport. Vous voulez y aller le matin avant le travail (entre 7 h et 8 h) et le dimanche matin. Vous voulez aussi faire un peu de natation. Voici quatre annonces trouvées dans la presse locale.

Le roi de la muscu
Salle de musculation, appareils, fitness…

Nos horaires :
Du lundi au samedi de 7 h 00 à 21 h 00
Nous ouvrons aussi le dimanche matin
(8 h 00 – midi)

Renseignements :
Tél. 05 61 83 49 67

LE DISCOBOLE
SALLE DE SPORT (MUSCULATION, FITNESS, SQUASH, STEP…), PISCINE, SAUNA…
HORAIRES :
DU LUNDI AU SAMEDI   7 H 00 – 21 H 00
DIMANCHE   10 H 00 – 17 H 00
TARIF FORFAITAIRE : 60,00 € PAR MOIS
TÉL. : 05 61 37 49 82

Allegro - Sport et Détente
Salle de sport pour entretenir sa forme. Step, cardio-funk, body pump, abdo-fessiers…
Et aussi des appareils de musculation, un sauna…
Renseignements, horaires et tarifs :
Tél. 05 61 48 72 91

Énergie +
Tout pour être en forme
Squash, fitness, muscu, arts martiaux, danse… Et bien sûr, notre piscine olympique !
Tél. 05 61 87 45 23 14
À PARTIR DE 55,00 € PAR MOIS
Horaires :
Du lundi au vendredi 9 h – 21 h   Samedi 9 h - 21 h   Fermé le dimanche

• À quel numéro téléphonez-vous ?

....

• Quel est le prix à payer par mois ?

....

CE-2. Vous venez de recevoir cette invitation. Lisez-la et répondez aux questions suivantes.

A. Qui a écrit ce document ?

....

B. C'est...

- un message commercial.
- un message amical.
- un message publicitaire.

C. Quel est l'objet de ce message ?

- Une invitation pour un mariage.
- Une invitation pour un repas.
- Une invitation pour un baptême.

Le 4 juin 2010

Salut Youna,

Un an déjà !
Alex et moi t'invitons au dîner qu'on organise le samedi 11 juin pour fêter notre première année ensemble.
Ton petit copain est le bienvenu, bien sûr !
N'apporte rien à manger ou à boire, on s'occupe de ça. Mais si tu veux apporter tes CD pour danser après le repas…
Tu connais l'adresse, n'est-ce pas ? 23 rue Toulouse-Lautrec. Appt. 2A.

Tu peux nous confirmer ta présence avant le week-end prochain ? Merci.

Bises

Virginie et Alex

D. Que doit apporter Youna ?

1.

2.

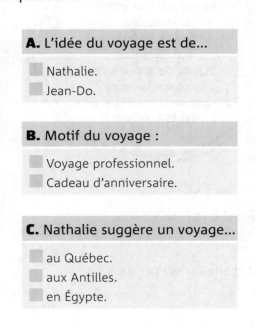
3.

E. Où habitent Virginie et Alex ?

- À Paris.
- À Toulouse.
- On ne sait pas.

CE-3. Vous venez de recevoir ce courriel. Lisez-le et répondez aux questions.

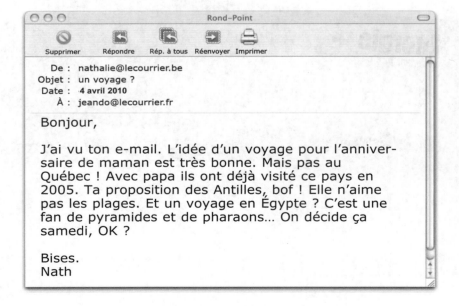

Rond-Point

Supprimer Répondre Rép. à tous Réenvoyer Imprimer

De : nathalie@lecourrier.be
Objet : un voyage ?
Date : 4 avril 2010
À : jeando@lecourrier.fr

Bonjour,

J'ai vu ton e-mail. L'idée d'un voyage pour l'anniversaire de maman est très bonne. Mais pas au Québec ! Avec papa ils ont déjà visité ce pays en 2005. Ta proposition des Antilles, bof ! Elle n'aime pas les plages. Et un voyage en Égypte ? C'est une fan de pyramides et de pharaons… On décide ça samedi, OK ?

Bises.
Nath

A. L'idée du voyage est de...

- Nathalie.
- Jean-Do.

B. Motif du voyage :

- Voyage professionnel.
- Cadeau d'anniversaire.

C. Nathalie suggère un voyage...

- au Québec.
- aux Antilles.
- en Égypte.

Le DELF A1. Production écrite (PE)

Dans cette épreuve, vous allez remplir une fiche et écrire un petit texte (carte postale, message, etc.) avec des phrases simples sur des sujets de la vie quotidienne. Après la rédaction, n'oubliez pas de prendre un peu de temps pour la **relecture** et pour la **vérification de l'orthographe**. Mais, le plus important, c'est votre capacité à répondre au sujet et votre connaissance lexicale.

PE-1. Observez ces deux documents : à gauche, un message amical (ici, une carte postale) ; à droite, un message commercial. Maintenant, répondez au petit questionnaire ci-dessous.

Tours, le 4 juin 2010

Chère Corinne,

Comment vas-tu ? Les vacances se passent bien ? Moi, je suis à Tours, chez mes parents. C'est super !

À bientôt. Bises

Sophie

Corinne Lesœur
19 rue des Cordeliers
13100 Aix-en-Provence

Limoges, le 25 septembre 2010

Monsieur,

Suite à votre courrier du 23 septembre dernier, je vous envoie le catalogue de nos produits.

Très cordialement,

Maryse Le Goff
Service clientèle

Pour écrire un message amical,	Oui	Non
j'indique obligatoirement le lieu et la date.		
je vouvoie le destinataire.		
si je m'adresse à deux personnes ou plus, j'utilise **vous**.		
si je m'adresse à une seule personne, je dois la tutoyer.		
j'utilise des formules comme **Cher Bruno** / **Chère Julie** / **Salut**.		
j'utilise des formules comme **Cher monsieur** / **Chère madame**.		
j'écris **Très cordialement** à la fin du message.		
j'écris **Je vous prie d'agréer mes meilleures salutations** à la fin du message.		
j'écris **À bientôt** / **Tchao**.		
je peux écrire **Je t'embrasse** / **Je vous embrasse**.		
je signe avec mon nom et éventuellement ma fonction (**P. Lemercier, responsable service clientèle**).		
je signe avec mon prénom (**Christophe**) ou un surnom (**Tof**).		

PE-2. À votre tour, écrivez un court message (40 à 50 mots, environ 5 lignes) à partir de l'énoncé suivant : « Vous organisez une fête pour votre anniversaire. Vous invitez un(e) ami(e). Vous précisez la date et le lieu de la fête et s'il (elle) doit apporter quelque chose. Vous lui demandez de confirmer sa présence. »

PE-3. Écrivez une carte postale à un ami (40/50 mots maximum).
Voici à droite votre voyage et vos impressions.

DÉPART

→ Aéroport d'Orly (Paris) le 6 juillet à 14 h 35

ARRIVÉE

→ Aéroport de Londres-Gatwick le 6 juillet à 16 H 30
→ Transfert à l'hôtel (autocar)

VISITES

→ National Gallery (vous détestez)
→ Le Palais de Buckingham (vous aimez)
→ La Tour de Londres et son musée (vous adorez)

ACTIVITÉS

→ Faire du shopping (vous n'aimez pas)
→ Sortir la nuit (vous adorez)
→ Voir une comédie musicale (vous aimez)

PE-4. Complétez votre fiche d'inscription au club de sport.

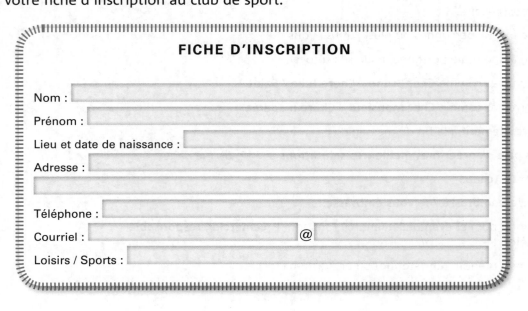

FICHE D'INSCRIPTION

Nom :

Prénom :

Lieu et date de naissance :

Adresse :

Téléphone :

Courriel :   @

Loisirs / Sports :

Le DELF A1. Production orale (PO)

Dans cette dernière partie de l'épreuve, vous allez répondre à des questions très simples que l'examinateur va vous poser (entretien dirigé), puis vous allez à votre tour lui poser le même type de questions (échange d'informations). Finalement, vous allez interpréter une petite scène à deux (dialogue simulé).

Entretien dirigé

Dans cet exercice, l'examinateur vous pose lentement des questions et vous lui répondez. Ne vous inquiétez pas, ce sont des questions simples pour vous présenter, parler de votre famille et des choses que vous aimez. Cet entretien dure environ une minute.

Échange d'informations

L'examinateur vous propose une série de cartes. Sur chaque carte, il y a un mot. Vous devez poser des questions à l'examinateur à partir de ces mots. Cet échange dure environ deux minutes.

Dialogue simulé

Vous allez interpréter une scène pour obtenir des biens et des services. L'examinateur va vous donner la réplique. Ce dialogue dure environ deux minutes.

PO-1. A. Vous allez réviser les questions habituelles. Vous avez une minute pour retrouver les questions correspondant aux phrases suivantes.

- .... ? Je suis célibataire.
- .... ? Je m'appelle Éric, Éric Jégot.
- .... ? J'ai 18 ans.
- .... ? Non, je déteste la montagne.
- .... ? Parce qu'il fait froid.
- .... ? Belge.
- .... ? Au Québec.
- .... ? Non, je n'ai pas d'enfants.
- .... ? Oui, le rap et la techno.

B. Pour poser ces questions, vous utilisez **tu** ou **vous** ?

☐ tu   ☐ vous

PO-2. Pour vous entraîner à l'**entretien** et à l'**échange d'informations**, posez des questions à votre camarade à partir des mots suivants.

nom   nationalité   musique   situation familiale

mer   musées   enfants   parc thématique

voyages   profession

PO-3. Dialogue simulé : « Vous vous présentez à la salle de sport choisie, vous demandez des renseignements et vous vous inscrivez. »

Quelques conseils

- Adressez-vous toujours en français à l'examinateur.
- Utilisez des formules simples mais appréciées :
  Bonjour !
  Merci.
  Est-ce que vous pouvez répéter la question, s'il vous plaît ?
  Au revoir !
- Si vous ne comprenez pas, l'examinateur doit reformuler la question.
- Parlez clairement et sans précipitation. On ne vous demande pas d'avoir une prononciation parfaite mais qu'elle soit compréhensible par l'examinateur.

NOUVEAU
ROND-POINT
PAS À PAS **A1**

LIVRE DE L'ÉLÈVE + CAHIER D'ACTIVITÉS + CD AUDIO

Auteurs : Josiane Labascoule, Christian Lause, Corinne Royer (pour le *Livre de l'élève*) ; Philippe Liria, María Rita Rodríguez (pour le *Cahier d'activités*)
Conseil pédagogique et révision : Christian Puren (pour le *Livre de l'élève*)
Comité de lecture (pour le *Livre de l'élève*) : Agustín Garmendia, Philippe Liria, Yves-Alexandre Nardone
Coordination éditoriale : Gema Ballesteros, Ester Lázaro
Correction : Sarah Billecocq
Conception graphique et couverture : Besada+Cukar
Mise en page : Besada+Cukar (pour le *Livre del'élève*) ; Asensio S.C.P (pour le *Cahier d'activités*)
Illustrations : Javier Andrada et David Revilla
Remerciements : Nous tenons à remercier toutes les personnes qui ont contribué à la réalisation de ce manuel, notamment Coryse Calendini, Katia Coppola et Lucile Lacan.

© **Photographies, images et textes.**
Couverture : Grant Faint/Getty Images
Livre de l'élève : p. 8-9 (A) Foodie Photography/FoodPix/Getty Image, (B) Sikirillova/Dreamstime.com, (C) macumazahn/Fotolia.com, (D) Olivier Poncelet/Fotolia.com, (E) Garcia Ortega, (F) Angelo Fils-Aime/Stock.XCHNG ; p. 10 John Evans/Stock.XCHNG ; p. 11 Belova Larissa/Fotolia.com, Web Buttons Inc/Fotolia.com, Lucile Lacan, J.C.HIDALGO/Fotolia.com ; p. 13 Sabri Deniz Kizil/Fotolia.com ; p. 16 Vladimir Wrangel/Fotolia, Renata Sedmakova/Fotolia.com, David Mathieu/Fotolia.com, ChantalS/Fotolia.com : p. 17 Tatjana Brila/Fotolia.com, AlcelVision/Fotolia.com, Paul Prescott/Fotolia.com, Dennis Jongerden/Stock.XCHNG, Garcia Ortega ; p. 18 Okea/Fotolia.com, Paddler/Fotolia.com, Petesaloutos/Dreamstime.com ; p. 19 fodlegbob/Fotolia.com, Ignatius Wooster/Fotolia.com, Garcia Ortega ; p. 20 (A) Ambrose Heron/Flickr, (B) Trombax/Fotolia.com, (C) MPD01605/Flickr, (D) katclay/Flickr, (E) furibond/Flickr, (F) Charles Levachez, (G) *Le Petit Prince* d'Antoine de Saint-Exupéry, Collection Folio, Gallimard, (H) Simon le nippon/Flickr, (I) manuel | MC/Flickr, (J) palabra/Dreamstime.com ; p. 22 (A) Eoghan OLionnain/Flickr, (B) Allie Caulfield/Flickr, (C) (D) (E) Garcia Ortega, (F) Navin75/Flickr ; p. 26 Jordi Claveras ; p. 27 Garcia Ortega ; p. 28 Garcia Ortega, Matthew Antonino/Fotolia.com ; p. 29 Leila Pivetta/Asia Images/Getty Images ; p. 33 Julien Hekimiang/WireImager/Getty Images, Jon Kopaloff/FilmMagic/Getty Images, Pascal Le Segretain/Getty Images Entertainment, STEPHANE DE SAKUTIN/AFP/Getty Images ; p. 34 Diego Lang/Stock.XCHNG, Juan Carlos Conde, Galina Barskaya/Fotolia.com, Anne-Sophie Fauvel, blue jean images/Getty Images, Agustín Garmendia, Martin Ahrens ; p. 35 Veronica Bote, Séverine Battais, Detlev Wagner, Laureen Lagarde, Martin Ahrens ; p. 36 (c) Le Livre de Poche ; p. 37 Nelson Minar/Flickr, pbuergler/Flickr, abdallahh/Flickr, Rebecca in Denali/Flickr, Ignatius Wooster/Fotolia.com ; p. 38 Gabor Pocza/Fotolia.com, Frazer Harrison/Getty Images Entertainment, Youri Lenquette, Francois Durand/Getty Images ; p. 39 (c) Pascal KLEIN ; p. 44 Apic/Hulton Archive/Getty Images, Dominique Charriau/WireImage/Getty Images ; p. 46 Michael Ochs Archives/Getty Images, Lipnitzki/Roger Viollet/Getty Images, Michael Ochs Archives/Getty Images, Tony Barson/Getty Images, STEPHANE DE SAKUTIN/AFP/Getty Images, Yann Orhan ; p. 47 Francois Durand/Getty Images Entertainment, Tsian/Fotolia.com ; p. 48 Jim Trodel/Flickr, Tony Hisgett/Flickr, wfeiden/Flickr, Garcia Ortega, marmit/Stock.XCHNG ; p. 49 Francis Bourgouin/Flickr, enruta/Stock.XCHNG, Lewis Johnston/Stock.XCHNG, K Rayker/Stock.XCHNG, tfwww/Stock.XCHNG, G. Schouten de Jel/Stock.XCHNG, paulo meira/Stock.XCHNG, Oscar Garcia, Stefan Schievelbein/Stock.XCHNG, Remy MASSEGLIA/Fotolia.com ; p. 50 Tania González Giménez, Pavel Losevsky/Fotolia.com, Elena Elisseeva/Fotolia.com ; p. 51 Philms/Flickr, RAWKU5/Stock.XCHNG, lznogood/Fotolia.com ; p. 54 joël BEHR/Fotolia.com, Grospierres/J-Ph Vantighem ; p. 55 Simon Aughton/Flickr, Didier BIGAND/Flickr ; p. 56 Ian McKellar/Flickr, Gustave Courbet/The Bridgeman Art Library/Getty Images ; p. 57 Gerwin Filius/Flickr, Bernard 63/Fotolia.com, Guillaume Buffet/Fotolia.com, Antony/Flickr, Jyle Dupuis/Flickr ; p. 58-59 Garcia Ortega, Laureen Lagarde, MillyNeT/Flickr.com, Lucile Lacan ; p. 63 Gilles Paire/Fotolia.com ; p. 64 Veronica Bote, creative studio/Fotolia.com ; p. 65 Lupe Torrejón, Bibi Abelló ; p. 66 Mathieu Marquer/Flickr, Mr Snoopy/Flickr ; p. 67 Garcia Ortega, www.immeublesenfete.com
Cahier d'activités : p. 100 Lora Williams/Stock.XCHNG ; p. 103 Okea/Fotolia.com ; p. 105 objectsforall/Fotolia.com ; p. 106 Eray/Fotolia.com ; p. 108 Yuri Arcurs/Fotolia.com, bodo011/Fotolia.com ; p. 110 Maria Amelia Paiva/Stock.XCHNG, Mark Ross/Fotolia.com ; p. 112 Gino Santa Maria/Fotolia.com ; p. 117 Sinetical/Fotolia.com ; p. 118 Yann Orhan ; p. 119 George Nazmi Bebawi/Fotolia.com, bodo011/Fotolia.com ; p. 120 Jaimie Duplas/Fotolia.com ; p. 121 Gabriella Fabbri/Stock.XCHNG ; p. 123 1 et 4 cédées par Tourisme de Québec, redslice/Fotolia.com, Elena Elisseeva/Fotolia.com ; p. 127 Grospierres/J-Ph Vantighem, Simon Aughton/Flickr, Didier BIGAND/Flickr, Joël BEHR/Fotolia.com ; p. 128 Fernando Reyes Palencia/Flickr, Radio Saigón/Flickr, Jean-Louis Zimmermann/Flickr, ALT1040/Flickr ; p. 129 objectsforall/Fotolia.com, Edyta Pawlowska/Fotolia.com ; p. 131 Antonio Zugaldia/Flickr ; p. 134 Pieter Bregman/Fotolia.com ; p. 137 Chino y Stephy/Flickr, drx/Fotolia.com, Gleb Vinnikov/Fotolia.com, zimmytws/Fotolia.com ; p. 138 Chris Schmid/Dreamstime.com, Elena Elisseeva/Dreamstime.com, ril/Fotolia.com, Pavel Losevsky/Fotolia.com, Chrisbarton99/Dreamstime.com ; p. 140 Mikel Ortega/Flickr, Alessio Cola/Dreamstime.com, Joe Madonna/Flickr.

N.B : Toutes les photographies provenant de www.flickr.com sont soumises à une licence de Creative Commons (Paternité 2.0 et 3.0).

Cet ouvrage est une version de l'édition *Rond-Point 1* (Difusión, Centre de Recherche et de Publications de Langues, S.L., 2004) et est basé sur l'approche didactique et méthodologique mise en place par Ernesto Martin et Neus Sans.

© Les auteurs et Difusión, Centre de Recherche et de Publications de Langues, S.L., 2010

ISBN : 978-84-8443-665-2
Dépôt légal : B-2216-2012
Réimpression : avril 2015
Imprimé dans l'UE

www.emdl.fr